KB269908

학생부
합격의 법칙

대치동 입시전략가가
하나하나 짚어주는
학생부종합전형의 모든 것

# 학생부 합격의 법칙

신진상 지음

살림

# 학생부는
# 학생부종합전형 그 자체다

"학생부종합전형은 모호한 경쟁이 되기 쉽다. 명확하지 못한 기준으로 대학입시가 이루어지면 많은 사람들의 공분을 산다."

"학생부종합전형이 여러 문제점을 노출하고 있음에도 학종 폐지나 전면 축소론으로 비화되는 것은 바람직하지 않다."

"적어도 2020학년도까지 학종과 정시 비중은 8 대 2 수준이 유지될 것이다. 그러나 수능 영어가 절대평가로 바뀌고 수능이 계속 쉽게 출제되면 서울대도 정시에 대한 고민이 크다. 2021학년도 이후에는 정시에 학생부전형을 도입하는 방안도 검토 중이다."

2016년 여름, 한국 교육계를 지배하는 화두는 단연 '학생부종합전형(일명 학종)'이다. 2018학년도부터 도입되는 수능 영어 절대평가를 신호로 대학들이 수시 정원을 대폭 늘리고 수시에서도 학생부종합전형으로 선발하는 인원을 크게 늘렸기 때문이다. 서울대처럼 전체 정원의 80퍼센트를 수시로 선발하면서 수시를 전원 학생부종합전형으로 선발하는 대학도 있다. 고려대 역시 논술전형을 폐지하고 수시에서 80퍼센트 이상을 학생부종합전형으로 선발한다. 수능 성적으로 선발하는 정시 인원보다 수능 성적과 관계없이 학생부종합전형으로 선발하는 인원이 늘어 비율이 역전된 지 오래고, 이제는 역전을 넘어서 두 배 세 배에 이르는 상황이 된 것이다.

학생부종합전형, 이제 대한민국에서 자녀를 키우는 학부모님이라면 이 제도를 모르거나 들어본 적이 없다는 사람은 없을 것이다. 그렇다면 이 책을 읽는 여러분은 학생부종합전형을 어떤 시각으로 보고 있을까? 앞에서 학생부종합전형에 대해서 언론에서 제기된 세 가지 관점을 소개했다. 첫 번째는 학생부종합전형이 모호하고 불투명하기 때문에 폐지되거나 축소되어야 한다는 입장이다. 두 번째는 문제점이 적지 않지만 장점도 많은 제도이기 때문에 문제점을 수정 보완하는 방향으로 가야 한다고 주장한다. 세 번째는 좋은 제도이므로 더욱 늘어나야 한다고 보는 입장이다.

출처를 밝히자면 첫 번째는 오마이뉴스에 실린 기사이고, 두 번째는 조희연 서울시 교육감의 공식 발표이다. 세 번째는 권오현 전 서울대 입학관리 본부장이 조선일보와 나눈 인터뷰 발언이다.

어떻게 생각하는가? 서울시 교육 대통령이라고 불리는 교육감과



학생부 합격의 법칙

대한민국 모든 학부모가 선망하는 서울대의 입시를 총괄하는 자리에 있던 사람이 학생부종합전형의 지지자라는 사실을. 반대 목소리가 적지 않지만 이는 언론 등 교육계 바깥에 있는 사람들의 의견인 경우가 많고, 실제 교육 현장에 있거나 교육 정책을 결정하는 사람들은 학생부종합전형에 아주 우호적이라는 사실은 분명하다. 가장 우호적인 사람들이 바로 학교 선생님이다. 지금까지 대한민국에 존재했던 어떤 입시제도보다 공교육 친화적이며 명분이 있다는 시각을 많은 학교 선생님이, 또 많은 대학교수가 공유하고 있다. 그렇다면 이제 학생부종합전형을 개인적으로 싫어하고 좋아하고의 문제가 아니라 변하지 않는 외부 환경으로 인식하고 그에 대한 적응력을 키우는 것이 학부모의 현명한 선택이 아닐까?

바로 이 책은 이런 외부 환경을 정확히 인식하고 자신의 자녀가 제대로 적응할 수 있는 방법을 전하기 위해 기획되었다. 혹은 여러분이 학생이라면 바로 당신에게 도움이 될 테고, 학교 선생님이나 학원 선생님일 경우 제자들에게 도움이 될 것이다.

학생부종합전형이 어떤 제도이고 어떻게 준비해야 하는지 말하는 좋은 책은 매우 많다. 하지만 학생부종합전형에서 가장 중요한 학교생활기록부(학생부)가 무엇인지, 대학은 학생부를 어떻게 평가하는지, 또 실제 합격생들은 어떻게 기록하고 관리했는지 말해주는 책은 시중에 거의 없다.

왜 학생부인가? 사교육과 공교육을 넘나들며 1년에 학생 수백 명의 학생부를 살펴보면서 학생부종합전형에서 붙을 학생과 떨어질 학생이 정해진 것이 아니라 붙을 학생부와 떨어질 학생부가 따로 있다는 사실을 깨닫게 되었다. 한 줄 때문에 대학에 붙거나 떨어지는 경우를 여러 차례 보았다. 그렇게 중요한 게 학교생활기록부이며 그 중요도는 앞으로 더욱 커질 전망이다. 학교생활기록부는 학생부종합전형 자체라고 해도 과언이 아닐 정도다.

하지만 여기서 정보의 비대칭이 발생한다. 학부모들은 그 중요도를 알고는 있지만 정작 대학이 어떻게 학생부를 평가하는지 어떻게 해야 좋은 학생부를 만들고 관리할 수 있는지 그 방법을 모른다. 컨설팅과 강연 등으로 수많은 어머님과 학생을 만나면서 학생부의 진실에 대해서 말할 수 있는 전문가가 있다면 대한민국에서 자식을 키우는 모든 학부모가 공통으로 알고 싶어 하는, 그러나 대학교와 정부에서는 잘 알려주지 않는 그런 진실을 공개해야 한다는 생각을 하게 되었다. 그러면서 어쩌면 그 역할을 대한민국에서 내가 제일 잘할 수 있겠구나 싶어졌다.

그동안 특목고부터 자사고, 일반고까지, 또 서울 학생부터 부산 학생까지, 서울대 지원자와 지방 사립대 지원자까지 정말 다양한 학생의 학생부를 보았다. 그리고 제한된 사람만이 만나는 컨설팅과 수업 방식이 아니라 책이라는 공론장을 통한다면 내가 아는 좋은 학생부의 비밀을 전국의 독자들과 공유할 수 있겠구나 생각했다. 그래서 나를

    학생부 합격의 법칙

직접 만나지 않아도 학생부종합전형을 충분히 준비할 수 있도록 이 책을 써냈음을 밝힌다.

이 책은 다음과 같이 구성되어 있다.

1부에서는 현재 고등학교 2학년 이하의 자녀를 둔 학부모들이 만날 미래의 입시에 대해 전망한다. 과거의 입시와 현재의 입시는 어떻게 연결되어 있는지 그리고 앞으로 어떻게 전개될 것인지 예측해보았다. 물론 미래는 어느 누구도 알 수 없다. 하지만 그 어떤 미래도 과거나 현재와 무관하게 돌발적으로 진행되지는 않는다. 과거와 현재를 알면 미래는 어느 정도 예상이 가능한 법이다.

2부에서는 학생부종합전형에서 대학들이 학생을 어떻게 선발하는지 심층 분석한다. 학생부종합전형은 점수가 아닌 역량을 평가하는 제도이다. 대학은 전공에 대한 관심과 적성, 공부를 대하는 자세와 소질, 친구나 선배 혹은 교수님들과 좋은 관계를 맺을 수 있는 사회성, 학교생활을 충실히 하는 과정에서 발견되는 성실성 등 영역별로 역량을 평가한다.

3부에서는 학생부가 무엇인지 그 실체를 밝힌다. 학생부는 어떤 항목으로 구성되어 있고 각각의 항목에 대해 교육부는 어떤 가이드라인을 제시하고 있는지, 무엇을 써야 하고 무엇을 써서는 안 되는지 알아보며 학생부와 공식적인 만남을 시작하는 부분이다. 학생부를 읽는 방법을 소개하는 곳이라고 할 수 있다.

가장 많은 분량이 할애된 4부에서는 실제 학부모가 자녀의 학생부를 직접 작성해볼 수 있도록 매우 세부적으로 공부한다. 물론 학생부는 담임선생님이나 과목 선생님이 써주지만 기초 자료는 학생들이 정리해서 제출하는 경우가 많다. 일부에서는 이를 '셀프 학생부'라고 비판하기도 하지만 학생부의 한 줄이 대입의 당락을 결정짓는 중요한 시점에 학생과 학부모가 학생부에 들어갈 내용에 대해서 학교 선생님에게 의견을 제시하는 과정은 반드시 필요하다. 물론 그 내용을 쓸지 말지, 또 쓴다면 어떻게 써줄지는 선생님들의 몫이지만. 진로 희망 사유부터 행동 특성 및 종합 의견까지 잘된 사례와 그렇지 않은 사례를 골고루 살펴보며 어떻게 자녀의 학생부를 관리해나가는지 보여드릴 예정이다.

마지막 5부에서는 3학년 1학기까지 작성된 학생부를 가지고 대입 수시에서 자기소개서를 어떻게 쓸 수 있는지 문과와 이과별로 하나씩 사례를 보여드린다. 고3 학부모와 학생이 아니면 당장 필요한 부분은 아니다. 하지만 훗날 자신의 자기소개서에 학생부를 어떻게 활용할지 예상한다면 평소에 학생부에 적힐 활동을 하는 습관을 들이게 될 것이다.

학생부종합전형에 관심을 갖기 시작한 학부모를 대상으로 최대한 쉽게 사례를 들어가며 풀어 쓰고자 했다. 학생부를 잘 관리해주는 특목고나 자사고보다는 그렇지 못한 일반고의 사례를 조금 더 살펴본

까닭은, 실제 도움이 필요한 분들에게 조금이라도 더 많은 정보를 드리고자 하는 의도였음을 밝힌다.

나는 학생부종합전형의 전신인 입학사정관제가 처음 실시된 2008년도부터 입시 컨설팅을 해왔다. 학생부종합전형은 여러 가지 장점을 지닌 제도지만 그중에 가장 큰 미덕은 바로 내가 남과 다르게 살 수 있는 가능성을 제시하는 것이라 생각한다. 남과 다르게 자신만의 삶을 살 수 있다는 것, 얼마나 매력적인가? 학교생활을 기본적으로 열심히 하면서 자신의 꿈과 끼를 찾아 그것을 발전시켰을 때 보상을 받는 제도가 바로 학생부종합전형이다. 수능 위주로 뽑는 정시에서는 절대 불가능한 삶이다.

노력만으로 입시를 준비하면 누구나 포기하고 싶을 정도로 괴롭다. 그러나 자신의 재능과 열정과 꿈이 보상받기에 학생부종합전형을 준비하는 과정은 고통스럽지 않다. 얼마든지 즐겁고 행복하게, 그리고 비싼 사교육에 의존하지 않고 당당하게 입시를 준비해나갈 수 있다. 지금부터 그 방법을 알아보자.

# 차례

올해 중학교 2학년이 수능을 치르는 2021학년도,
지금부터 4년이 지나면 학생부종합전형이 살아 있기는 할까?
2021년 이전이든 이후든 학생부종합전형이 대세인 시대지만 교육과정 변화 때문에
무게중심이 조금 달라질 것으로 보인다.
자아의 힘을 매력적으로 드러내는 학생들을 뽑는 시대인 것이다.

# 1부

# 학생부종합전형은 살아남을 수 있을까?

## − 대학입시 미래 읽기

# 시험 하나로 모든 것이 결정된 시대
## 1980년부터 2001년까지

이 글을 읽는 여러분은 아마 40대가 가장 많을 것이다. 42세를 기준으로 나이가 그 이상인 사람은 학력고사로, 그보다 적은 사람은 대학수학능력시험, 즉 수능으로 대학에 간 세대다. 사실 학력고사가 어떤 시험이고 수능이 언제부터 실시되었는지 정확히 아는 것은 지금 쓸데없는 일이다. 언뜻 보면 무의미해 보이는 학력고사 수능 이야기로 첫 장을 여는 이유는 그래도 다음 명제가 입시에서 여전히 유효하기 때문이다.

"과거를 알아야 미래가 보인다."

지금부터 36년 전으로 시계를 1980년으로 되돌려볼까? 그해 여름에 무슨 일이 있었을까? 광주민주화항쟁을 진압하고 정권을 잡은 전두환 전 대통령은 여름방학 기간에 갑자기 본고사를 폐지하고 기존

예비고사에서 이름을 바꾼 학력고사 성적으로만 대학생들을 선발하겠다고 발표했다. 이게 얼마나 큰 사건이었느냐면, 올해 1학기까지 수능 준비를 했는데 갑자기 가을에 수능 시험이 폐지되고 학생부종합전형만으로 학생을 선발한다면 어떤 일이 벌어질까? 아마 시행이 불가능할 테고 정부가 그렇게 하면 아마 여론의 탄핵을 받을 것이다. 하지만 군부독재 정권 시절에는 갑작스러운 제도 도입이 가능했다.

당시 본고사는 국영수 주관식 문제 풀이 시험이었고 예비고사는 국영수를 포함해서 학교에 배우는 모든 과목을 객관식으로 치르는, 지금의 수능과 형태상으로 유사한 시험이었다. 그러나 1970년대 초반부터 실시된 예비고사는 보통 중상위권 학생이면 거의 합격하는지라 따로 공부하는 학생이 거의 없었고 모두들 본고사 입시 준비에 전념했다. 아침부터 저녁까지 국영수 문제만 풀고 있던 것이다. 지금처럼 학원이 많지 않았지만 국영수 과외를 하지 않는 집이 없었기에 과외 망국론이 대두되었다. 군사정권은 과외 망국론 해소라는 명분을 내세워 과외 금지 조치를 시행하면서 과외를 유발하던 주원인인 본고사를 폐지하기로 결정한 것이다.

이후 전두환 정부와 노태우 정부 기간에 입시는 학력고사 더하기 내신 합산 성적으로 결정되었다. 예를 들면, 학력고사 점수 340점 만점에 내신 160점, 500점 만점에 480점 받으면 서울대 법대를 쓰고 475점이면 서울대 철학과를 쓰는 식이었다. 하지만 내신에 기본 점수가 있기 때문에 실질 내신 반영은 30점 정도였다. 즉, 1등급과 15등급

사이에 최대 격차가 그 정도까지 벌어진다는 이야기다. 점수로 모든 게 결정되는 상황이었는데, 지금도 이때가 좋았다고 주장하는 사람들이 일부 있다. 학생은 학력고사만 준비하면 되고 대학도 학력고사 성적만 평가하면 되니, 준비하는 사람이나 뽑는 사람이나 아주 간편한 제도임은 틀림없다.

문민정부 김영삼 대통령이 등장하면서 대한민국 입시에서는 큰 변화가 일어난다. 주입식 교육과 단순 암기력을 측정하는 시험이라는 비난을 받던 학력고사를 전격 폐지하고 사고력을 평가하는 수학능력시험이 도입된 것이다. 그해가 바로 1993년도이다. 초기 수능은 아주 어려웠다. 지금은 1년에 수능 만점자가 수십 명이 나오기도 하지만 당시에는 전국 수석이 500점 만점(국영수 300 탐구 200)에 470점 정도를 받을 정도로 시험이 어려웠다. 당시 서울과학고에서 공부를 잘하던 상위권 학생이 수학에서 네 문제를 틀렸는데 전국에서 상위 1~2퍼센트였으니 얼마나 어려웠는지 미루어 짐작할 수 있다.

학력고사는 고등학교 3년 동안 배운 내용을 테스트하고, 초기 수능은 대학에서 공부할 능력이 있는지 역량을 측정하는 시험으로 성격이 달랐지만 공통점이 하나 있다. 지금의 수능보다 많이 어려웠다는 점이다. 1993년부터 1995년까지는 이 어려운 수능에 더 어려운 대학별 본고사까지 있었다. 서울대와 연세대, 고려대 등 최상위권 대학은 수능 외에 본고사까지 치르면서 우수 학생을 싹 쓸어갔다. 논술 시험도 있었기에 이때 대학에 입학한 학생들은 지금보다 몇 배나 심한 시험

지옥에서 젊음을 보낸 셈이다.

그러다가 사교육 문제와 학생들의 부담이 크다는 이유로 본고사가 폐지되고 1996년부터 2001년까지는 수능과 내신 성적, 논술 시험으로 학생을 선발하게 되었다. 김영삼 대통령에서 김대중 대통령으로 평화적 정권교체를 역사에 기록한 그즈음이었다. 본고사가 사라졌을 뿐 논술 시험은 당락을 결정할 정도로 중요한 시험은 아니어서 실질적으로 수능 성적이 대학을 결정했다고 할 수 있다. 쉽게 말해서 2001년도까지는 시험 한 번 잘 보면 인생 역전이 가능한 시절이었다.

정리하자면 전두환-노태우-김영삼-김대중 대통령까지 네 명의 대통령을 거쳐오면서 교육, 그중에서 특히 입시 제도는 정권 초기에 큰 변화를 겪고 다음 정권이 되면 또 크게 바뀌는 악순환이 이어져온 것이다. 사실 학부모 입장에서는 수능이 어떤 시험이고 학력고사와 어떤 차이가 있는지 아는 것보다 중요한 사실이 바로 이것이다.

입시에는 정치 논리가 크게 작용한다!



학생부 합격의 법칙

# 2002년부터 점수만으로
# 결정되지 않았다

교육부가 발표한 자료를 보면 그동안 대학입시 제도가 무려 열여섯 번이나 바뀌었다. 대학별 단독 시험(1945~1953), 국가고시 연합고사제(1954), 대학별 단독 시험 및 무시험 병행(1955~1961), 대학입학자격 국가고사제(1962~1963), 대학별 단독 시험(1964~1968), 예비고사와 본고사 병행(1969~1980), 예비고사 및 고교 내신 병행(1981), 학력고사 및 고교 내신 병행(1982~1985), 학력고사와 고교 내신 및 논술고사 병행(1986~1987), 학력고사 및 고교 내신 병행(1988~1993), 고교 내신과 수능시험 및 대학별 본고사 병행(1994~1996), 고교 내신과 수능 시험 및 논술 고사 병행(1997~2001)으로 바뀐 것이다.

2002년도, 김대중 대통령의 임기 마지막 해이자 노무현 후보가 대통령에 당선한 그해에 역사적인 '수시'가 등장했다. 그전까지 점수 하나로 모든 것이 결정되었다면 이해부터는 점수 외의 요소가 입시에 개입되기 시작한 것이다. 1999년 이해찬 전 국무총리가 초대 교육부 장관이 되면서 "한 가지만 잘해도 대학 갈 수 있다"며 입학 전형 다양화를 강조했고 2002학년도에 1학기 수시 모집이 도입되었다. 여기서 '한 가지'는 영어나 수학, 과학 같은 특정 과목을 이야기할 수도 있고, 내신 성적 전체를 반영하는 것일 수도 있다. 여하튼 수능 점수로 학생을 선발하지 않는다는 건 모든 수시에서 공통된 특징이었다.

이게 무슨 말일까? 당시 수시는 지금처럼 9월에 원서를 내고 10월부터 대학별로 면접과 논술 시험을 치르는 방식이 아니라 6월에 원서를 접수해 8월에 최종 합격이 결정되는 1차와 9월부터 원서를 접수하는 2차로 나뉘어 있었다. 7~8퍼센트 정도를 선발하는 1차에서는 수능 최저 등급을 적용하지 않았고 17~18퍼센트 정도를 선발하는 2차에서만 수능 최저 등급을 적용하는 경우가 많았다. 수능 최저 등급이란, 수능을 점수로 계산하지 않고 일정 등급 이상만 받으면 합격할 수 있도록 한 제도다. 쉬운 말로 25퍼센트 정도는 수능 점수와 전혀 상관이 없거나 수능 점수가 아닌 등급으로 대학에 들어간 것이다.

25 대 75의 수시 대 정시 비율은 수시 도입 시기인 2004년부터 서서히 바뀌게 된다. 해마다 5퍼센트 정도씩 수시는 늘고 정시는 줄었다. 2004년도에 노무현 정부는 수능 시험의 변별력을 줄이고 고교 교육을 정상화하고 사교육비를 잡겠다는 이유로 수능 등급제를 시행한다고 발표했다. 이제 수시뿐 아니라 정시에서도 수능 점수가 아닌 등급으

　　　　　　　　　　　　　　　학생부 합격의 법칙

로 학생들을 선발해야 하고 교육 당국은 수시 정원을 늘리면서 내신 반영 비율을 더욱 높이도록 요구하게 되었다. 그러나 대학들은 수능의 변별력 약화를 우려했고 또 학교와 지역에 따라 내신은 격차가 심한데 그런 현실을 반영하지 않았다는 이유로 내신 위주의 수시를 늘리는 데 주저했다. 등급제로 변별력이 약화되는 수능, 지역과 학교의 차이를 반영하지 못하는 내신 때문에 대학들이 변형된 형태의 본고사로 불리는 논술 시험을 강화해서 학생들을 선발하려고 한 것이다.

그래서 2004년부터 2008년도까지는 수능 위주의 정시, 내신 위주의 수시, 논술 위주의 수시 등 크게 세 가지 형태의 입시가 공존하게 된 것이다. 수능+내신+논술을 가리키는 죽음의 트라이앵글이라는 용어가 등장했다. 수험생이 내신과 수능과 논술을 동시에 준비해야 하는 상황에서 사교육비가 늘고 불만은 불만대로 쌓이는 악순환이 거듭된 것이다.

그러자 2009학년도부터 2016학년도까지 수시에서 입학사정관제가 확대되고 논술이 축소되었으며, 또한 정시에서도 사고력 평가에서 EBS 내신으로 수능이 변화되었다. 게다가 2017학년도 수능에서 영어와 한국사에 절대평가가 도입됨으로써 정시가 대폭 축소되고 수시는 학생부종합전형으로 일원화될 예정이다. 이렇게 악순환 상황은 이미 지나갔으며 지금은 중요한 게 아니다. 그저 입시는 계속 변화했는데 그 변화의 추동력은 점수가 아닌 다른 방식으로 학생을 선발하는 것이었다 정도만 이해해도 충분하다.

# 2008년, 드디어
# 입학사정관제 등장하다

정권이 바뀌면 입시가 바뀐다. 그것도 집권하자마자 가장 먼저 바뀐다. 무엇 때문일까? 명분이 좋기 때문이다. 사교육비를 줄이고 공교육을 강화하겠다는 것이다. 사교육 잡기, 출발은 거창했지만 어느 정부도 마지막까지 이 목표에 성공하지는 못했다. 그나마 이명박 정부 들어서 사교육비가 점차 줄어들었고, 그에 따라 공교육이 강화되기 시작했다. 사교육에서 가장 큰 파이를 차지하고 있는 국영수 사교육은 이명박 정부 들어서 EBS 출제로 수능의 난이도가 대폭 하락함에 따라 줄어들었고, 국영수 성적 외에 다른 요소, 예컨대 비교과를 평가하는 입학사정관제가 실시된 것이 가장 근본적인 요인이다.

입학사정관제는 흔히들 이명박 정부의 교육 대통령으로 불린 이주호 전 교육과학기술부 장관의 작품으로 알고 있지만 이 장관은 처음

**사진 1  사과 상자를 가득 채운 건 바로 포트폴리오다.** ©연합뉴스

도입을 결정한 이가 아니다. 바로 노무현 정부 시절인 2004년 대학입시 개혁안을 발표했던 김진표 전 교육 부총리다. 지금은 야당에서 학생부종합전형의 문제점을 지적하고 개선을 외치지만, 입학사정관제 도입과 EBS 물 수능의 원조인 등급제 수능을 결정한 세력이 바로 당시의 여당, 현 야당이라는 사실은 무엇을 말해줄까? 수능의 위상 약화와 수시의 강화는 정권과 관계없이 도도한 흐름을 형성하고 있다는 것이다.

초기 입학사정관제는 지금과 많이 달랐다. 사진 1을 한번 보자. 사진 속 사과 상자에 무엇이 담겨 있을까? 바로 포트폴리오다. 고등학교 3년 동안 자신이 한 활동들을 가지고 만든 자료를 아무 제한 없이 넣 수도 있었다. 심지어 경희대는 중학교 때 자료도 제출할 수 있도록 해주었다. 그러다 보니 사과 상자에 담아서 보내는 학생도 생겨난 것이다. 당시 입학사정관제는 학교생활보다는 학교 바깥에서 한 활동을 더 많이 보는 경향이 있었고 내신 성적이 부족해도 화려한 스펙이나 외부 활동이 있는 학생이 입시에서 두각을 나타내는 경우가 적지 않았다. 그러나 포트폴리오는 사교육을 유발한다는 이유로 어느덧 사라지게 되었다.

당시 학생들이 제출했던 포트폴리오는 사진 2와 같은 모습이었다. 제본한 책자, CD, USB, 사진집 등 형태가 매우 다양했는데, 입학사정관제로 선발하는 학생들의 숫자가 그리 많지 않아 대학들도 포트폴리오 제출을 굳이 말리지 않는 수준이었다. 그러나 입학사정관제로 선발하는 인원이 서서히 늘어나자 대학들도 부담을 느끼기 시작했다. 이를테면 서울대는 2012학년도까지는 제한을 두지 않다가 2013학년도에는 전체 50장을 넘기지 않는 선으로, 그 후 15장, 10장으로 줄어들더니 현재는 3장까지 허용한다. 서울대를 포함해 연세대,

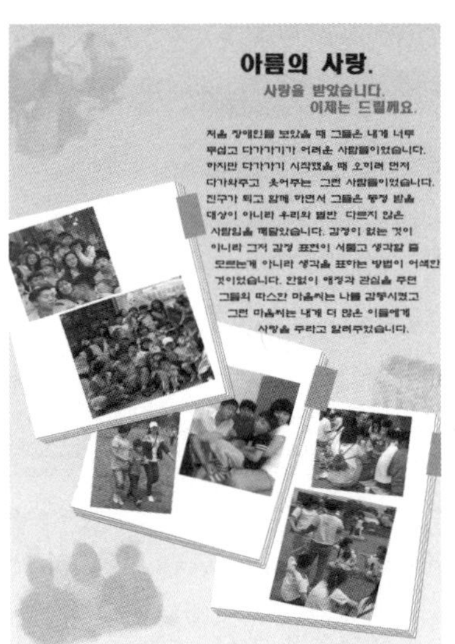

**사진 2** 입학사정관제 당시 학생들이 제출했던 포트폴리오.



학생부 합격의 법칙

고려대 등 대부분의 대학에서 포트폴리오를 받았는데, 2017학년도 학생부종합전형에서 포트폴리오를 허용하는 대학은 서울대와 서강대 단 두 대학에 불과하다.

입학사정관제에서 물론 포트폴리오만 평가하는 것은 아니다. 포트폴리오로 입학사정관제 이야기를 시작한 것은 준비하는 사람 입장에서 가장 부담스러운 자료였기 때문이다. 한번 생각해보자. 학생부는 선생님들이 작성해주고 자기소개서는 학생들이 쓰지만 총분량 5,000자 이내인 반면, 포트폴리오는 거의 무제한이거나 A4 용지 50장까지 제출할 수 있었으니 얼마나 많은 비용과 시간이 투자되어야 했을까? 쉽게 말해서 대학입시는 시간과 비용 등의 부담이 완화되는 방향으로 진행 중이다.

입학사정관들은 포트폴리오 외에도 여러 가지 전형 요소로 학생들을 선발했다. 학생부, 자기소개서, 추천서, 수능 성적, 학교 소개 자료, 면접 및 논술 등의 대학별 고사 자료를 활용해 학생들을 선발한다. 드물지만 논술이나 에세이 시험 같은 쓰기 시험을 입학사정관전형에서 보는 경우도 있었을 정도다. 하지만 지금은 말로 하는 면접 이외의 시험은 다 사라졌다. 추천서와 학생부, 자기소개서 등은 학생 혹은 교사가 준비한 최종 결과물이고, 수능과 면접 및 논술은 학생들이 역량을 쌓고 그 역량을 시험으로 평가한 뒤 결과물로 성적표가 나오고, 대학은 그 성적을 최종적으로 반영하는 방식이다.

29페이지에 실린 표에 2008학년도부터 2013학년도까지 실시된 입

학사정관제에서 각각의 전형 요소들이 차지한 비중을 명쾌하게 정리
했다. 한번 살펴보자.

입학사정관제를 보면 학생부 교과, 비교과 및 서류, 면접이 매우 중
요로 표시되어 있다. 당시 입학사정관제에서 이 세 요소는 우열을 가
릴 수 없을 정도로 중요도가 비슷했다. 학교마다 전형마다 그리고 해
마다 1순위가 바뀌면서 엎치락뒤치락했다. 준비하는 사람 입장에서는
내신과 비교과, 면접을 모두 신경 써야 하니 부담이 커진 것이다. 여기
서 비교과는 학생부의 교과 학습 발달 상황을 제외한 전 영역이라는
점도 기억해야 한다. 그래서 등장한 것이 바로 학생부종합전형이다.

　　　　　　　　　　　　　　　　　　　

## 대학입시에서 전형별 전형 요소의 중요도

| | 학생부 교과 | 비교과 및 서류 | 수능 | 논술 | 구술 면접 | 적성 |
|---|---|---|---|---|---|---|
| 입학 사정관제 | ★★★ | ★★★ | ★ | ☆ | ★★★ | ☆ |
| 수시 일반 전형 | ★★ | ★ | ★★★ | ★★★ | ☆☆ | ☆ |
| 수시 특기자 전형 | ★★ | ★★★ | ☆☆ | ☆ | ★★★ | ☆ |
| 수시 학생부 교과 전형 | ★★★ | ★ | ★★ | ☆ | ★ | ☆ |
| 수시 적성 고사 전형 | ★ | ☆ | ☆☆ | ☆ | ☆ | ★★★ |
| 정시 전형 | ☆☆ | ☆ | ★★★ | ☆ | ☆ | ☆ |

매우 중요 : ★★★   중요 : ★★   보통 : ★   중요하지 않음 : ☆   필요 없음 : ☆☆

# 2014년, 입학사정관제가
# 학생부종합전형이 되다

정권이 바뀌었다. 박근혜 정부는 초대 교육부 장관으로 노무현 정부 시절 교육부 차관을 지낸 서남수 전 위덕대 총장을 임명했다. 노무현 정부 당시 입학사정관제는 학생들에게 과도한 부담을 지운다는 비판을 받았다. 학교에서 준비하기 힘든 비교과와 면접 때문이었다. 박근혜 정부가 입학사정관제를 손볼 것이라는 예측도 많았지만 서남수 장관은 입학사정관제를 학생부종합전형으로 바꾸는 선에서 개혁을 멈췄다.

학생부라는 말로 평가 대상이 학교생활과 관련된 활동 위주로 축소된 것이다. 즉 학교 바깥에서 하는 활동은 입학사정관제에서는 평가 대상이었지만 학생부종합전형에서는 평가하지 않는 방향으로 바뀐 것이다. 입학사정관제와 학생부종합전형은 바로 학교 바깥과 학교 안

|  | 학생부 교과 | 비교과 및 서류* | 수능 | 논술 | 구술 면접 | 적성 |
| --- | --- | --- | --- | --- | --- | --- |
| 입학 사정관제 | 공동 1등 | 공동 1등 | 네 번째로 중요 | 필요 없음 | 공동 1등 | 필요 없음 |
| 학생부 종합전형 | 가장 중요 | 두 번째로 중요 | 거의 필요 없음 | 거의 필요 없음 | 세 번째로 중요 | 필요 없음 |

* 서류: 자기소개서, 추천서, 포트폴리오

**입학사정관제와 학생부종합전형의 차이**

의 차이라고 말할 수 있다. 무엇이 바뀌었는지 위 표를 살펴보자.

입학사정관제에서는 내신 성적과 비교과, 면접이 모두 동시에 중요했다면 학생부종합전형은 내신 - 비교과 - 면접의 순으로 우선순위를 조정한 것이 가장 큰 차이다. 그리고 비교과는 학교 안의 활동만이 학생부에 기재될 수 있고 오직 학생부에 적혀 있는 것만이 평가 대상이 되는 방향으로 비교과 영역이 축소되었다.

입시가 단순화되면서 입시는 학생부, 논술, 특기자, 정시 등 크게 네 가지로 단순화되고 학생부종합전형 내에서도 학생부와 내신만 반영하는 학생부교과전형과, 내신 성적 외에 비교과 활동까지 평가하는 학생부종합전형으로 분리되었다. 다시 말해서 학생부종합전형에서는 내신이 중요하고 학생부교과전형에서는 내신 성적만이 중요하다는 점에서 차이가 있다.

또 한 가지 변화는 수능이다. 입학사정관제에서는 많은 대학이 수능 최저 등급을 적용했다. 그러나 학생부종합전형으로 바뀌면서 많은 대학에서 수능 최저 등급을 적용하지 않고 있다. 현재 서울대 지역균형선발, 고려대, 연세대, 이화여대, 서강대 등 5개 대학 정도가 수능 최저 등급을 적용하고 2018학년도부터는 서강대가 이 대열에서 빠진다. 서울대도 가장 많은 학생을 선발하는 일반전형에서는 수능 최저 등급을 적용하지 않고 있기에 사실상 학생부종합전형은 수능과 관계 없는 전형이 된 것이다.

2014학년도부터 2017학년도까지 학생부종합전형은 양적 확대보다는 질적 심화를 추구했다. 대학들도 무리하게 인원을 늘리지 않고 서서히 늘려가며 조심스럽게 접근했다. 2018학년도가 되자 드디어 대학들이 선택을 했다. 고려대를 시작으로 주요 대학들이 학생부종합전형으로 선발하는 인원을 최대 두 배까지 늘리기 시작한 것이다. 아래 그

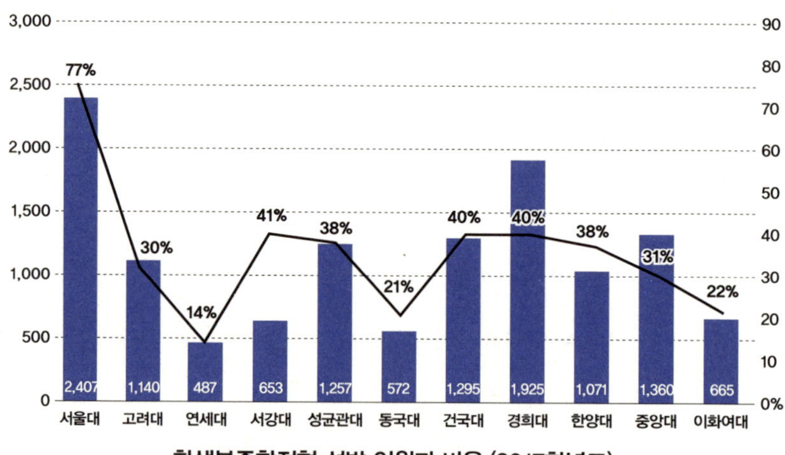

**학생부종합전형 선발 인원과 비율 (2017학년도)**

　　　　　　　　　　　　　　　학생부 합격의 법칙

래프를 보자. 2017학년도와 2018학년도 학생부종합전형 전형으로 선발되는 인원을 비교했다.

2018학년도부터 연세대는 기존의 학생부교과전형을 폐지하고 학생부종합전형으로 정원 809명에 정원 외 199명을 선발하는데, 923명의 특기자전형도 사실상 학생부종합전형이기에 실제로는 학생부종합전형으로 뽑는 학생이 2,000명에 가깝다. 고려대 역시 논술전형을 폐지하고 학생부종합전형으로 선발하는 인원을 2,307명으로 증가시켜 전체 인원의 62퍼센트까지 늘렸다. 이미 서울대는 모든 수시 인원을 학생부종합전형으로 선발하기에, 상위권 대학에서는 입시가 곧 학생부종합전형인 셈이다. 논술로 가장 많은 인원을 선발하던 성균관대도 2018학년도에는 전체의 50퍼센트인 1,773명까지 학생부종합전형 선발을 늘렸다.

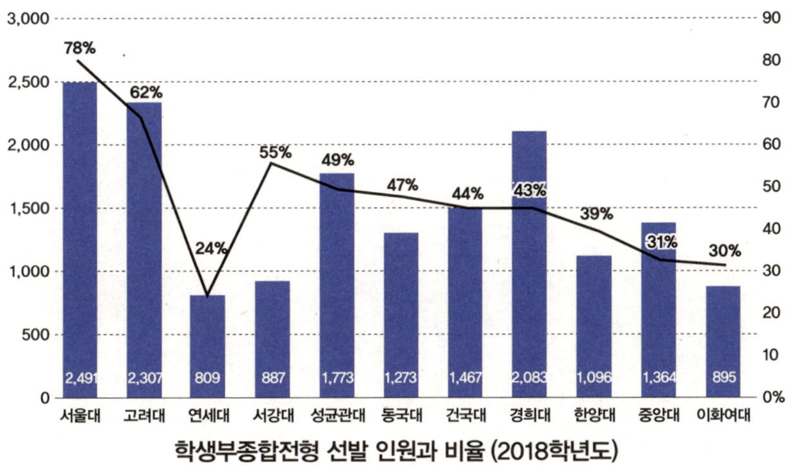


**학생부종합전형 선발 인원과 비율 (2018학년도)**

　대학들이 왜 갑자기 2018학년도에 학생부종합전형으로 선발하는 인원을 늘린 것일까? 정부가 시켜서일까? 아니다. 가장 큰 이유는 정시 수능 성적으로 선발하는 학생들을 믿을 수 없기 때문이다. 이해부터 영어가 절대평가로 바뀐다. 그리고 EBS에서 수능이 출제되면서 갈수록 수능이 쉬워지는 것도 한 이유가 될 것이다. 하지만 시험 하루의 결과로 그 학생의 모든 것을 평가하기에는 무리가 있다고 지적되며, 3년 동안 학교생활을 통해 누적된 결과로 학생을 선발하는 제도가 훨씬 공정하고 효율적이라는 확신이 있기에 학생부종합전형 선발 인원을 늘리는 것이라고 말할 수 있다.

　2009년도에 이명박 대통령은 라디오 방송에서 앞으로는 대학들이 입학사정관제로 학생들을 선발하는 시대가 올 거라고 예상했는데, 그 예상이 현실이 된 것이다. 입학사정관제가 미운 사람들, 대표적으로 사교육업자들은 저주라고 부르고 싶은 심정일 것이다.

# 2021년까지 과도기의
# 학생부종합전형은?

2019년도 이후에는 학생부종합전형 입시가 바뀔 것 같다. 2019년은 새 정부 첫 해로서 과도기에 해당한다. 그해 입시는 2017년도 초에 결정되기 때문에 설계는 박근혜 정부, 집행은 새 정부의 몫이다. 이미 설계되어버린 상태인지라 만약 학종의 폐지나 축소 같은 근본적인 변화를 몰고자 한다면, 2020년도에 일어날 가능성이 높다. 박근혜 정부가 구상하는 임기 마지막 해의 학종은 어떤 모습일까?

## 1. 평가 기준

지금까지 학종에 대한 비판은 사교육 유발과 평가의 공정성에 초점이 맞춰져 있었다. 사교육 유발 효과에 대한 비판 기사에서는 소논문 (R&E)과 컨설팅을 지적하는 경우가 압도적이다. 두 가지가 평가의 공정성과 맞물려 있기에 정권으로서는 둘 중에 만만한 쪽을 건드려 다른 쪽으로도 그 영향이 미치는, 일석이조 전략을 취할 가능성이 높다. 평가의 공정성 확보를 먼저 건드리고 그 여세로 사교육을 건드릴 가능성이 높다.

평가의 공정성은 평가의 객관성과 동의어다. 다음을 살펴보자.


• 학생부종합전형 : 서류 평가 100%


• 학생부종합전형 :

　1단계) 교과 50% + 서류 50% (학생부 교과 활동 30% + 창의적 체험

　　활동 20%)

　2단계) 1단계 70% + 면접 30%


어느 쪽이 객관적으로 보이는가? 당연히 후자다.

지금도 이런 기준으로 학생들을 선발하는 학교가 있다. 바로 착한 학교 한양대다. 한양대는 학생부에서 반영하는 항목과 퍼센테이지를 명백히 밝히고 있다.

지금의 한양대처럼 대학들은 1단계 교과 50%, 서류 50%로 하고, 서류 구성 항목은 학생부 교과 활동 20%, 비교과 20%, 자기소개서 또

는 추천서 10%, 학생부 교과 활동에는 학생부에서 세부 능력 및 특기 사항과 행동 특성 및 종합 의견에 기술된 항목만 반영하는 식으로 선발할 가능성이 높다.

이렇게 되면 학생부종합전형에 내신전형, 이른바 학생부교과전형이 포함되는 것이다. 기계적으로 내신을 적용해서 점수를 내고 이후 다시 한 번 학생부의 교과 관련 기술들과 비교과 기술과 자기소개서를 평가해 점수를 합산한 뒤 1단계 합격자를 가리는 식이다. 학생부종합전형에서 지금보다 내신의 비중이 더욱 높아질 가능성이 높다. 상위권 대학은 이럴 가능성이 높다. 1단계 교과 70% 서류 30%(학생부 교과 활동 20%, 나머지 비교과 10%). 실제로 9 대 1의 비율로 교과가 중요해지는 것이다.

교과는 중간고사와 기말고사 성적이라면, 교과 활동은 세부 능력

| 평가요소 | 평가 내용 | 학생부 주요 평가 영역 |
| --- | --- | --- |
| 적성 (50%) | 학업역량 및 자신의 소질과 적성에 따른 다양한 경험·활동 평가 | 4. 수상경력<br>7. 창의적 체험 활동 상황<br>8-2. 세부 능력 및 특기사항<br>10. 행동 특성 및 종합 의견 |
| 인성 및 잠재력 (50%) | 타인과의 소통, 협력, 공동체의식, 자기주도역량, 역경극복역량 등 평가<br>• 성장환경, 교육여건, 학습과정 등 고려<br>• 다양한 활동을 통해 성장하는 학생의 모습 평가 | |

※ 고교 교육과정의 충실한 이수, 적성, 인성 및 잠재력 등을 종합적으로 평가함.

**한양대 평가 기준**

및 특기사항과 독서 활동에 적히는 교과 관련 도서, 수행 평가, 보고서 등이 평가 대상이 되는 것이다. 말이 학생부종합전형이지 적어도 1단계에서만큼은 학생부교과전형처럼 운영될 가능성이 대단히 높아진다. 현재 말썽이 되는 소논문(R&E)은 주로 창의적 체험 활동(자율 활동, 동아리 활동, 진로 활동) 등에 적히기 때문에 유명무실해질 가능성이 높다. 순수하게 학교 수업과 연계된 읽기와 쓰기만이 평가 대상이 되기에 그렇다.

이렇게 되면 문제가 발생한다. 대학의 자율권이 줄고 변별력이 떨어질 가능성이 대단히 높아 대학들의 반발이 예상된다. 그래서 이에 대한 보완으로 대학의 선발 자율권을 위해 면접과 자기소개서의 비중을 높이는 방안을 검토 중이라고 한다.

특히 면접이 강화될 가능성이 높다. 면접을 지금처럼 1회로 치르지 않고 수능 전후로 2차에 걸쳐서 진행하는 것도 검토하고 있다. 1차는 서류 확인 및 인성 면접, 2차는 전공 적합성 면접이라는 형태로 운영될 것이다. 1차에서는 지금처럼 서류 진위를 평가하거나 인성을 검증하는 문항들을 묻고, 수능 이후 준비 시간을 주고 지적 역량과 전공 적합성을 검증하는 까다로운 면접(지금 서울대 일반전형 같은)을 실시할 가능성이 커진다. 어차피 논술전형은 지금보다 대폭 축소될 것이기에 대학들은 학종 면접에 집중할 여유가 생긴다. 서울대, 연세대, 고려대 등 1단계에서 교과 평가의 비중이 높은 학교들이 이런 방식을 택할 가능성은 대단히 높다.

  학생부 합격의 법칙

대학들은 단과대학 혹은 학과별로 공통 문제(국영수 교과형 문제가 아닌 계열별 논술이 될 가능성이 높다)를 주고 학생들에게 푸는 시간을 준 뒤 이에 대한 질문과 후속 질문으로 전공과 관련된 지식과 소양을 묻는 형태가 되는 것이다.


## 2. 자기소개서

자기소개서는 비중이 많이 강화될 것으로 보인다. 지금까지는 1~3번 항목에 비해 비중이 약했던 대학별 고유 문항의 비중이 더욱 늘어날 전망이다. 이미 올해 2017년도에 그 조짐이 있었다. 대학들이 자신들이 뽑고자 하는 인재상에 맞춰 질문들을 더욱 창의적으로 정교하고 복잡하게 꾸미기 시작한 것이다. 다음 사례를 보자.

고려대와 연세대는 이번에 4번 항목을 다음과 같이 바꾸고, 4번 항목이 없던 성균관대는 신설했다.

4. 고려대 : 지원동기를 포함하여 고려대학교가 지원자를 선발해야 하는

   이유를 기술하시오.

그동안에는 지금까지 준비해온 과정을 쓰는 거였는데 왜 선발해야 하는지 그 이유를 대라는 문항으로 바뀌었다. 네가 우리 대학에 들어

올 역량이 있는지 명쾌하고 간결하게 또 호소력 있게 설명하라는 요
구다.


　4. 연세대 : 해당 모집단위에 지원하게 된 동기와 이를 준비하기 위해 노
　　　력한 과정이나 지원자의 교육환경(가정, 환경, 지역 등)이 성장에 미친
　　　영향 등을 경험을 바탕으로 구체적으로 기술하시오


이 문항은 연세대, 중앙대, 경희대, 한국외대, 건국대, 서울여대가 공
통으로 사용한다. 지원동기를 성장과정과 연결시킨 문항에 답변하는
과정에서 학생들은 자연스럽게 발전 가능성과 잠재력도 드러내게 된
다. 학생 입장에서 굉장히 쓰기 어려운 항목이다.
성균관대는 책과 영화를 좋아하는 사람들을 위한 문항을 신설해 창
의성과 경험, 다양성, 잠재력 등을 평가하고자 한다. 콘텐츠의 시대에
맞는 참신한 문항이다.


　4. 다음 중 하나를 선택하여 기술해주시기 바랍니다(1,000자 이내).
　　• 본인의 성장환경 및 경험이 자신에게 미친 영향
　　• 지원동기 및 진로를 위해 노력한 부분
　　• 본인에게 영향을 미친 유·무형의 콘텐츠(인물, 책, 영화, 음악, 사진,
　　　공연 등)

현재 새롭게 검토되는 자기소개서 독자 문항은 다음과 같다.

1. 우리 학교에 지원하기 위해 준비한 본인만의 경쟁력을 구체적 사례와
   경험을 들어 기술하세요.
2. 자신의 인생에서 Turning Point가 되었던 3가지 사건과 그를 통해 어
   떠한 변화가 있었는지 기술하세요.
3. 본인의 단점 중 현재까지 극복하지 못한 단점 2가지를 말하고, 극복하
   지 못한 이유를 기술하세요.

이렇게 바뀌면 자신의 경험과 색깔이 더욱 강하게 드러난다. 그 결과, 자기소개서는 미국 대학의 에세이와 비슷해질 가능성이 높고 개성이 강한 인재를 선발하는 차별화된 도구로 자리매김될 수 있다.

1단계는 성실성을 평가하는 내신 위주의 학생부 평가, 2단계는 학생들의 역량(지적 능력, 전공 적합성)을 보는 면접 평가가 될 가능성이 대단히 높아진 것이다. 표면적으로는 내신의 비중이 높아지는 것처럼 보이지만 최종심급에서는 면접이 당락을 결정할 가능성이 대단히 커진다. 특히 상위권 대학일수록 그렇게 될 가능성이 커진다. 자기소개서에서 1~3번 항목은 학생부의 보완재 혹은 요약서로, 4번 항목은 면접의 기초 자료로써 1단계와 2단계 모두에서 합격에 영향력을 미치는 변수로 작용하게 될 것이다.

정치는 시스템인 것처럼 보이지만 결국 사람이 하는 것이다. 누가

컨트롤 타워가 될 것인가는 그래서 중요하다. 학생부종합전형의 성공적 안착과 차기 정부로의 이양. 박근혜 정부는 이 원대한 구상을 실현하기 위해 올해 안으로 차관을 교체하고 새로운 차관을 임명할 가능성이 높다. 현 이영 교육부 차관이 한양대 경제 금융학과 교수 출신으로 프라임 산업의 진두지휘를 맡았다면, 이번에는 입학처 경험이 많은 교수를 차관으로 임명할 가능성이 높다. 올해가 가기 전에 이 말이 맞는지 한번 지켜보기를 바란다.

# 2021년 이후 학생부종합전형은
# 살아남을 수 있을까?

올해 중학교 2학년이 수능을 치르는 2021학년도, 지금부터 4년이 지나면 미래가 아닌 현재가 된다. 그때 학생부종합전형은 건재할까? 아니 살아 있기는 할까?

나는 확률 99.99%로 생존을, 아니 건재를 예측한다. 지금부터 그 근거를 말씀드리려 한다. 다음 페이지에서 보여드리는 표는 1981학년도부터 40년 동안 한국 교육에서 가장 강조되어왔던 능력이다.

지식의 양이 경쟁력이던 산업화 시대에는 누가 많이 아느냐 묻는 형태의 시험, 학력고사가 시대적 당위성을 갖추고 있었다. 1992학년도까지 대한민국의 입시에서는 바로 '암기력'을 측정했다. 하지만 산업화를 넘어 정보화 시대로 접어들면서 지식이 인터넷에 넘쳐흐르는 상황이 도래했다. 이제 관건은 이 많은 지식을 갖고 필요한 것을 골라

'81~'92 ： 암기력

'93~'04 ： 사고력

'05~'08 ： 사고력

'08~'13 ： 체력

'14~'16 ： 학생력

'17~'21 ： 자기력

**2021~ ： 자기력＋탐구력**

내고 현실에 적용하는 능력인 것이다. 그것이 '사고력'이다. 1993학년도부터 실시된 수능은 바로 사고력을 측정하는 것이다.

사고력 중에서 비판적 사고력이 유달리 강조되던 시절이 있었다. 바로 노무현 정부 때였다. 비판적 사고력을 측정하는 보완 도구로 논술 고사가 수능과 함께 중요했던 시기가 있었다. 이명박 정부 들어서기 직전까지였다. 2008학년도까지 우리 교육의 화두는 바로 사고력이었던 것이다.

2008학년도부터 2013학년도는 우스갯소리 같지만 '체력'의 시대였다. 당시는 수능과 논술에 입학사정관제(내신과 비교과)까지 준비해야 했기 때문에 죽음의 삼각형이 아닌 죽음의 오각형(펜타곤)이라는 말이 등장했을 정도다. 학생이 이 모든 걸 하려면 체력이 무엇보다 중요했던 것이다.

2014학년도부터 2016학년도까지는 학생들이 논술의 부담에서 해방되고 수능과 학생부종합전형을 동시에 준비하는 시기였다. 당시의 키워드는 '학생력'이다. 내가 만든 용어인데, 얼마나 학교생활을 제대로 충실히 잘 해낼 수 있는지 그 능력을 평가받는 것이다. 수능도 EBS 교재에서 출제되었고 교외 활동 금지로 학생부종합전형을 준비하는 학생들은 학교생활만 열심히 하면 모든 것이 해결되는 상황이었다.

올해부터 새 교육과정이 적용되기 직전인 2020년까지는 수능의 위상이 크게 약화되고 학생부종합전형이 대세가 된다. 2021년 이전이든 이후든 모두 학생부종합전형이 대세인 시대지만 교육과정 변화 때문에 무게중심이 조금 달라질 것으로 보인다. 이때 키워드는 '자기력'이다. 자기력은 『혼자 있는 시간의 힘』이란 책을 쓴 일본 저술가 사이토 다카시가 만든 용어다. 자아정체성과 이를 기반으로 자신의 전공 적합성을 드러내는 학생들을 대학들이 선호한다. 자기력, 자신의 힘, 자아의 힘을 매력적으로 드러내는 학생들을 뽑는 시대인 것이다.

중학교 2학년 이하 자녀를 둔 학부모들이 만날 2021학년도 새 교육과정에서는 무엇이 키워드가 될까?

이렇게 정의하고 싶다.

**2021~ : 자기력 + 탐구력**

47페이지를 한번 보기 바란다. 그 예시는 교육부가 발표한 2021학년도부터 적용되는 새 교육과정의 예시 시간표다. 학교 과목 시간에 수학 과제 연구, 사회 문제 탐구 같은 과목이 신설되는 것이다. 이 시간에는 교과서가 따로 있고 진도를 나가는 게 아니라 자신들이 관심 있는 주제를 정해 스스로 연구하게 된다. 또 2021학년도부터는 문과와 이과의 구분이 사라지고 문과생도 과학을 공부하고 이과생도 사회를 공부해야 한다. 그 대신 국영수의 비중은 줄어든다.

시대가 문과, 이과 구분을 넘어서 문이과 융합적인 인재를 원하기에 학교 현장도 그렇게 바뀔 것이고 입시 또한 그에 발맞춰 달라질 것이다. 지금 문제가 되는 소논문(R&E)은 이때부터 학교 교육현장 속으로 들어오게 된다. 그래서 탐구력이 중요하고 학생부종합전형은 이 탐구 역량 혹은 연구 역량을 무엇보다 중시하는 방향으로 바뀔 가능성이 높다. 그래서 99.99퍼센트의 확률로 학생부종합전형은 미래에도 살아남고 건재할 것이라고 자신 있게 예언하는 것이다.



학생부 합격의 법칙

| 교과군 | | 경상계열(사회 중심) | | 어문계열(외국어 중심) | |
| --- | --- | --- | --- | --- | --- |
| | | 일반선택 | 진로선택 | 일반선택 | 진로선택 |
| 기초 | 국어 | 문학, 독서, 언어와 매체 | 고전 읽기 | 문학, 독서, 화법과 작문, 언어와 매체 | 심화국어 |
| | 수학 | 수학I, 확률과 통계 | 경제, 수학 | 수학I, 확률과 통계 | |
| | 영어 | 영어I, 영어II | 영미문학 읽기 | 영어I, 영어II, 영어 회화 | 진로 영어, 영미문학 읽기, 심화영어1(전문) |
| 탐구 | 사회 | 세계지리, 세계사, 경제, 사회, 문화, 정치와 법 | 사회문제 탐구, 고전과 윤리, 한국사회의 이해(전문) | 한국지리, 생활과 윤리, 정치와 법 | |
| | 과학 | 물리학I | 과학사 | 생명과학I | |
| 체육예술 | | 체육, 운동과 건강, 음악, 미술 | | 체육, 운동과 건강, 음악, 미술, 연극 | |
| 생활교양 | | 한문I, 실용 경제, 진로와 직업, 논술 | | 중국어I, 한문1, 진로와 직업 | 중국어회화1(전문) 중국어II |

| 교과군 | | 예술계열(예술 중심) | | 이공계열(수학, 과학 중심) | |
| --- | --- | --- | --- | --- | --- |
| | | 일반선택 | 진로선택 | 일반선택 | 진로선택 |
| 기초 | 국어 | 문학, 독서 | 고전 읽기 | 문학, 독서, 화법과 작문 | |
| | 수학 | 수학I, 확률과 통계 | | 수학I, 수학II, 미적분 | 기하, 수학과제 탐구 |
| | 영어 | 영어I, 영어 독해와 작문, 영어회화 | 영미문학 읽기, 실용영어 | 영어I, 영어 독해와 작문, 영어회화 | 진로영어 |
| 탐구 | 사회 | 한국지리, 생활과 윤리 | 여행지리 | 사회문화 | |
| | 과학 | | 융합과학 | 물리학I, 화학I, 지구과학I | 물리학II, 화학II, 지구과학II, 융합과학 |
| 체육예술 | | 체육, 운동과 건강, 음악, 미술, 연극 | 미술창작, 드로잉, 매체미술(전문) | 체육, 운동과 건강, 운동, 미술 | |
| 생활교양 | | 일본어I, 한문I, 진로와 직업, 철학 | | 기술·가정, 정보, 진로와 직업, 환경 | |

**교육과정 개편시간표 예시**

입학사정관은 어떻게 평가를 할까?
자기소개서를 읽고 추천서를 본 뒤 가장 많은 시간을 학생부에 투자한다.
대학들은 학생부를 자신들이 보고자 하는 평가 요소에 맞춰 쪼개서 본다.
인성은 학생부의 출결 상황에서, 전공 적합성은 창의적 체험 활동의 동아리 활동에서,
이런 식으로 학생부의 무슨 항목에서 어떤 요소를 평가할지 미리 결정하는 것이다.

# 2부

# 전공 적합성,
# 자기주도성이 뭐지?

## - 학종 키워드 분석

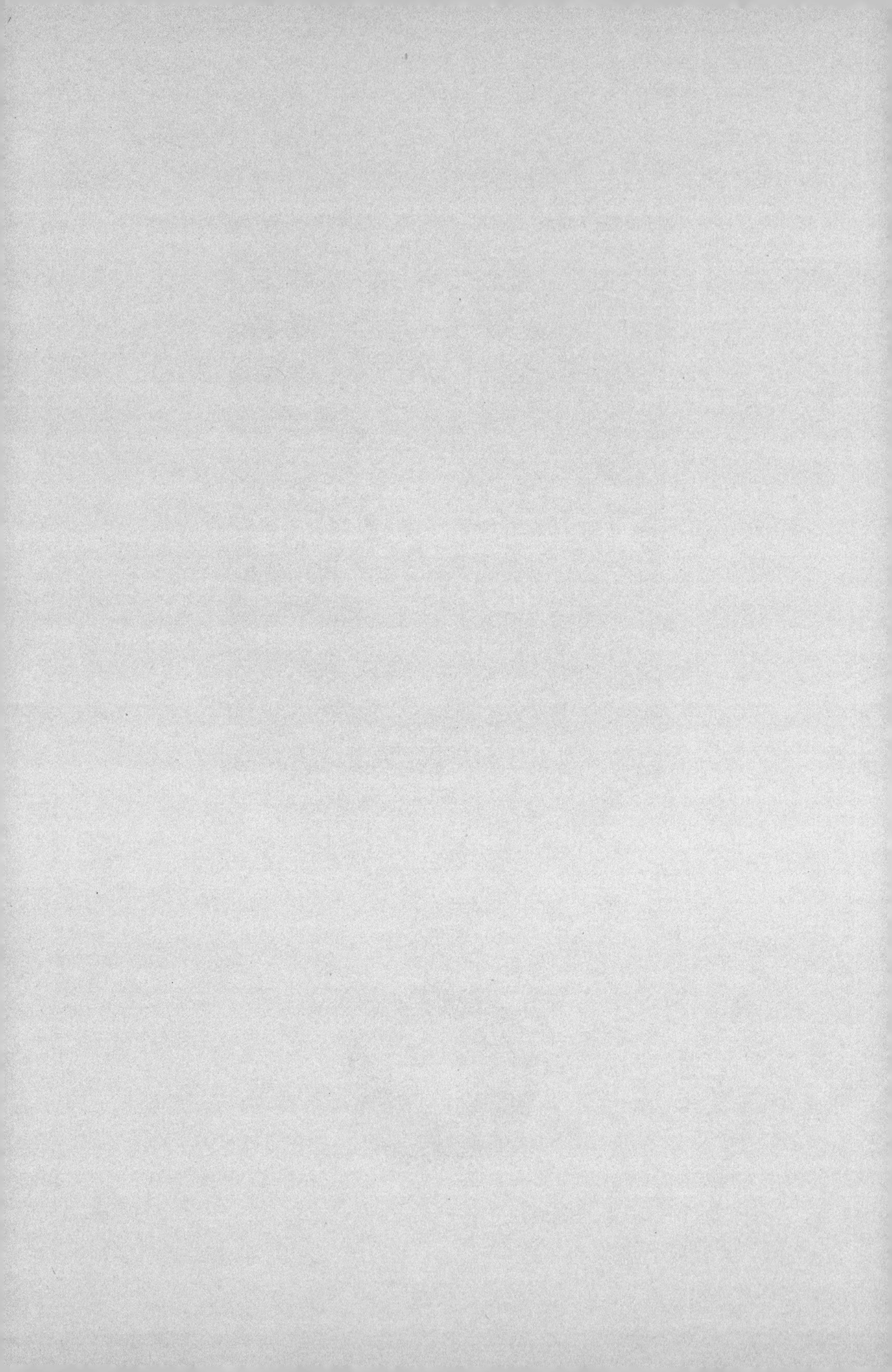

# 대학은 학종에서
# 학생들을 어떻게 선발할까?

이제부터 본격적인 학생부종합전형 이야기를 들려드리려 한다. 다음

사진을 보자.

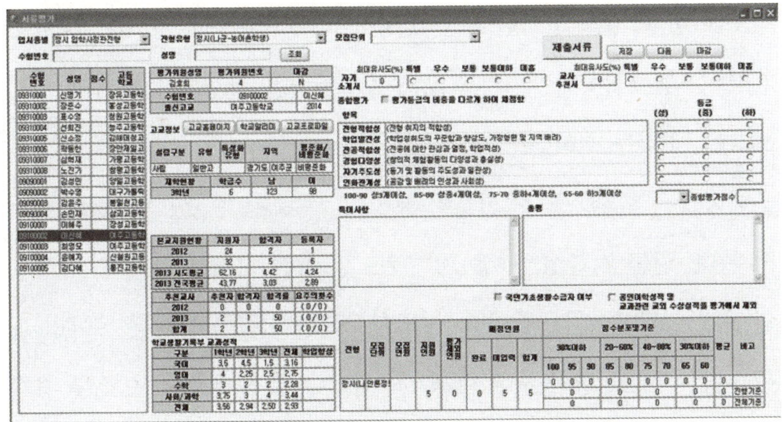

경희대 네오 르네상스전형 평가 화면

입학사정관제 시절에는 학생들의 학생부와 자기소개서, 추천서 등을 출력해서 읽어보고 평가했다. 그러나 지금은 경희대를 비롯해서 대부분의 대학이 모니터 상에서 학생들을 평가한다. 서울대처럼 학교 프로파일을 평가하는 경우에는 한 명의 입학사정관이 네 대의 모니터에 학생들의 서류를 띄워놓고 평가한다. 한 대는 학생들의 학생부, 한 대는 자기소개서, 한 대는 추천서, 마지막 한 대는 그 학교의 학교 프로그램 소개 자료다. 서울대와 고려대(학교장추천전형에 한해서 받고 있다)를 제외하면 세 대의 모니터가 필요하다. 지금 경희대 측도 평가 화면에서 클릭을 통해 추천서, 자기소개서, 학생부 등으로 이동할 수 있도록 했다.

입학사정관은 어떻게 평가를 할까? 입사관마다 다르겠지만 일반적으로는 먼저 학생들의 자기소개서를 읽고 그다음에 추천서를 본 뒤 세 번째로 가장 많은 시간을 학생부에 투자하는 모양이다. 즉 30분 정도에 한 학생을 평가한다면 이 중에서 학생부를 보는 시간은 최소 20분이 넘는다는 이야기다. 학생부종합전형은 학생부를 평가하는 제도라는 게 맞는 소리다.

대학들은 학생부를 자신들이 보고자 하는 평가 요소에 맞춰 쪼개서 본다. 전공 적합성, 인성, 자기주도성 이런 식으로 말이다. 학생부의 출결 상황은 인성, 창의적 체험 활동에서 전공 적합성은 동아리 활동, 이런 식으로 평가 전에 학생부의 무슨 항목에서 어떤 요소를 평가할지 미리 결정한다. 인성을 평가할 때 학생부의 어디어디를 보고 전



학생부 합격의 법칙

| 학교생활기록부 영역 | 평가준거 | | | | |
|---|---|---|---|---|---|
| | 학업적성 | 전공 적합성 | 인성 | 자기 주도성 | 경험 다양성 |
| 인적사항 | | | | ◎ | |
| 학적사항 | ◎ | ◎ | | | |
| 출결상황 | | | ◎ | | |
| 수상경력 | ◎ | ◎ | ◎ | ◎ | ◎ |
| 자격증 및 인증 취득 | | ◎ | | ◎ | ◎ |
| 진로희망사항 | | ◎ | | ◎ | |
| 창의적 체험활동 | | ◎ | ◎ | ◎ | ◎ |
| 교과학습발달 | ◎ | ◎ | | | |
| 독서활동 | | ◎ | ◎ | ◎ | ◎ |
| 행동특성 및 종합의견 | ◎ | ◎ | ◎ | ◎ | ◎ |

**학생부종합전형 평가준거**

공 적합성을 볼 때 무엇무엇을 보는 식이 되는 것이다. 위 표는 입학 사정관들이 평가하는 학생부의 항목들인데 자세한 설명은 3부에 나온다.

학교마다 다르지만 각각의 요소를 상중하 혹은 매우-우수-보통-평범-부족 등 5단계로 평가한다. 경희대는 상중하로 평가하고 전공 적합성 등 모두 여섯 개의 영역이 있으니 학생들은 18개(6×3)의 매트릭스 어딘가에 잡힐 것이다.

그리고 이런 요소들을 종합해서 점수 대를 결정한 뒤, 예컨대

90~95점 사이에서 입학사정관이 주관적으로 점수를 준다. 한국의 학생부종합전형은 미국의 입학사정관제와 달리 정량 평가와 정성 평가를 섞어서 진행하는 게 특징이다. 미국은 전형적인 정성 평가를 한다. 오히려 미국보다 한국의 학생부종합전형이 객관적이라고 할 수 있다.

경희대의 화면을 보면 그 고등학교 출신으로 작년도 지원자 수 대비 합격자 수가 얼마나 되는지 평가자가 알 수 있다. 그리고 그 학교 출신으로 같은 해에 얼마나 많은 지원자가 원서를 썼는지도 알 수 있다. 서울대처럼 따로 학교 자료를 받지 않는 대학들도 대교협의 인트라넷을 통해 학교 소개 자료를 보기도 한다.

엄밀히 말해서 학생부종합전형은 학교 평가인 동시에 학생 평가가 될 수밖에 없는 게 현실이다. 그래서 학생부종합전형은 학교 프로그램이 우수한 자사고와 특목고 학생이 상대적으로 유리한 전형이라고 불리기도 한다. 틀린 말은 아니다. 하지만 일반고 학생은 내신에서 강력한 이점이 있기 때문에 반드시 불리한 것만은 아니다.

내신 성적도 학년별 평균 내신 외에 내신 성적의 향상도도 함께 볼 수 있다. 대학들은 내신 성적이 해가 갈수록 상승 곡선을 그리는 학생들을 좋아한다.

경희대는 평가 요소 항목을 보면 전형 적합성, 전공 적합성, 학업 발전성, 경험 다양성, 자기주도성, 인화관계성 등 여섯 가지 요소로 구성되어 있다. 물론 대학마다 달라서 어느 학교는 5개 요소를 평가하기도 하며 최대 9개인 학교도 있다. 요소의 숫자가 많을수록 평가에 걸리는

| 2016학년도 | | 2017학년도, 2018학년도 | |
|---|---|---|---|
| 평가요소 | 평가항목 | 평가요소 | 평가항목 |
| 전공<br>수학역량 | • 고교 교육과정 내 학업성취<br>• 지원자 학습환경<br>• 교내에서의 전공 관련 관심,<br>  노력, 활동의 우수성 | 학업역량 | • 학업성취도<br>• 학업태도와 학업의지<br>• 지적 호기심 및 탐구능력 |
| | | 전공적합성 | • 전공에 대한 관심과 이해도<br>• 전공 관련 활동경험 |
| KU핵심역량<br>(인성) | • 성실성   • 적극성<br>• 목표의식   • 팀워크 | 인성 | • 성실성   • 주도성<br>• 소통역량 |
| 종합역량 | • 전형 취지의 적합성<br>• 잠재력 | 발전가능성 | • 창의성<br>• 종합적 사고력 |

**건국대 학생부종합전형 서류평가 내용**

시간도 늘고 복잡한 터라, 대학들은 갈수록 평가 요소를 줄이는 편이다. 최근에는 연세대, 중앙대, 경희대, 한국외대, 건국대, 서울여대 등 6개 대학이 평가 요소를 통일하겠다고 발표한 바가 있다.

건국대의 예를 들어볼까? 건국대는 전공 수학 역량, 인성, 종합 역량 등 크게 세 가지 요소를 평가했다. 평가 항목은 전공 수학 역량의 경우 5가지, 인성의 경우 4가지, 종합 역량의 경우 2가지 등 총 11가지다. 즉 건국대는 학생부를 11개로 쪼개서 본다고 생각하면 된다. 하지만 2017년도부터는 다른 대학들과 보조를 맞춰 네 가지 요소에서 10가지 항목을 평가하는 것으로 바뀌게 된다. 명칭만 변했을 뿐 달라

| 건국대 | 전공 수학 역량(전공 적합 역량, 학업역량), 인성(성신의, 인성) |
|---|---|
| 경희대 | 전형 적합성, 학업발전성, 전공 적합성, 인화관계성, 자기주도성, 경험다양성 |
| 고려대 | 성실성, 리더십, 전공 적합성, 공선사후 정신, 창의성 |
| 동국대 | 지원동기 및 진로계획, 학교생활 충실도, 전공 적합성, 자기주도적 학습능력 |
| 서울대 | 학업능력, 자기주도적 학업 태도, 전공 분야 관심, 지적 호기심, 공동체 정신 |
| 서울시립대 | 학업 역량, 잠재 역량, 사회 역량 |
| 서울여대 | 전공 적합성, 자기주도적 태도 경험, 나눔·배려 등 공동체의식, 집단 공유 리더십, 공감적 커뮤니케이션 능력 |
| 성균관대 | 학업소양, 전공 적합성, 리더십 및 성실성 |
| 숙명여대 | 학업수행 역량, 전형 적합성, 전공 적합성, 인성 |
| 중앙대 | 성장 가능성, 심화학습 능력, 학업잠재력, 학교생활충실성, 문화친화성 |
| 이화여대 | 학업 역량, 학교활동 우수성, 발전 가능성 |
| 한국외대 | 전공 적합성(학업 역량), 학교생활 충실도(자기주도성, 인성), 도전개척정신, 글로벌소양 |
| 한양대 | 적성(소질과 적성에 따른 다양한 경험 및 활동평가)<br>인성(타인과의 소통, 협력, 공동체의식)<br>성장잠재력(성장환경, 교육여건, 성장 모습평가) |

주요 대학 서류평가 요소

진 건 종합 역량 부분이다. 전형 취지의 적합성과 잠재력이라는 평가 항목이 사라지고 창의성과 종합적 사고력이라는 평가 항목이 새로 추가되었다. 사고력이 뛰어난 학생, 창의력을 갖춘 학생을 선발하겠다는 의지가 드러난다.

여섯 개 대학의 컨센서스를 거쳐 확정된 만큼 앞으로 학생부종합 전형에서는 창의성과 사고력이 키워드로 떠오를 가능성이 대단히 높다. 옆 페이지의 표는 2016학년도까지 적용된 각 대학들의 서류 평가 요소들이다. 물론 앞으로 조금씩 변화될 가능성이 높다. 한번 찬찬히 살펴보자.

서울대와 고려대, 성균관대를 비교해보자. 서울대는 어떤가? 다른 대학보다 지적 측면을 많이 본다는 생각이 든다. 전공 분야 관심이나 지적 호기심, 학업 능력, 자기주도적 학업 태도 모두 머리와 관계가 있다. 즉, 서울대는 지원자의 머리를 보고 뽑는다고 말할 수 있다. 학업 능력은 내신 성적과 세부 능력 및 특기사항 등에서 드러나는 우수성을 뜻하고, 전공 분야 관심은 성적뿐 아니라 활동, 특히 독서를 통해 검증해내려고 한다. 지적 호기심은 꼭 전공 분야가 아니더라도 예를 들어 공대생이 문학 작품을 즐겨 읽거나 영문과 학생이 기하학에 관심을 갖는 경우도 포함된다.

반면 고려대는 어떤가? 공선사후 정신, 창의성 등 좀 튄다는 생각이 저절로 든다. 공선사후 정신은 공적인 일과 사적인 일이 충돌할 때 사를 나중으로 미루고 공을 먼저 하는 경우다. 예를 들면 학교 대표로 어떤 대회에 나가야 하는데 마침 동생이 아파서 병원에 입원하는 경우다. 본인이 학교 대표로 안 나가면 친구들이 곤란해지고 학교 명예가 실추될 것이니 병원에 바로 달려가지 않고 대회에 참석한 뒤 병원에 갔다고 하자. 이런 학생이 공선사후 정신이 뛰어난 것이다.

성균관대는 어떤가? 학업 소양과 전공 적합성, 성실성 및 리더십으로 단순하다. 학업 소양의 비율이 전체에서 3분의 1을 차지한다는 점에서 이 학교는 비교과보다 교과, 이른바 내신의 비중을 높게 평가한다는 사실을 알 수 있다. 이런 식으로 대학별로 자신들이 뽑고자 하는 인재상을 반영해 정교하게 학생부종합전형 평가 시스템을 개발한다는 것을 알 수 있다.

지금까지 살펴본 전공 적합성, 인성, 학업 적성 등 평가 요소들의 세계에 대해서 하나하나 알아보자.

# 9개 키워드로
# 학종 이해하기

## 1. 전공 적합성

아마 학생부종합전형에 조금이라도 관심 있는 분이라면 학생부종합전형 다음으로 많이 들은 용어가 전공 적합성일 것이다. '학생부종합전형 = 전공 적합성'이라고 단순화해서 설명하는 입시 컨설턴트도 많다. 지나친 단순화이고 과장이기는 하지만 그만큼 학생부종합전형에서 전공 적합성이 중요한 것은 사실이다.

전공 적합성은 무엇일까? 전공에 적합한 성질이다. 전공은 대학의 학과를 생각하면 된다. 성질은 여러 가지 유의어로 번역될 수 있다. 소양, 자질, 적성, 관심, 태도 등일 수 있고 이 모든 것이 포함될 수도 있다. 대학의 입학사정관은 후자로 이해할 것이다. 영문학과에 오려는 학생이라면 문학을 좋아해야 하고 윌리엄 셰익스피어의 작품들을 읽어본 적이 있거나 관심이 있어야 할 테니 말이다. 수학과에 진학하려는 학생이라면 수학 문제 푸는 것을 좋아하거나 수학을 잘해야 할 것이다. 즉 자신이 이 전공에 맞다는 것을 서류 혹은 면접을 통해서 증명해내야 하는 것이 바로 전공 적합성이다.

다음 두 학생의 사례를 살펴보자.

**사례 1**

A 학생은 전 과목 성적이 우수합니다. 3학년 1학기까지 평균 성적을 내면 1.25 정도 됩니다. 국영수사과 고루 우수한 학생입니다. 수학은 단 한 번만 2등급이고 전부 1등급을 받았습니다. 하지만 물리 과목은 성적이 좋지 않아 3학년 1학기 때 4등급을 받았습니다. 이 학생은 물리보다는 생명과학을 좋아했고 생체공학에 관심이 많아 생명공학과에 가고자 했지만, 가능성이 높다는 이유로 서울대 기계항공공학부에 원서를 썼습니다. 생명과학 동아리에서 해부해본 경험이 많습니다.

B 학생은 국어와 영어 과목 성적은 2~3등급 정도로 부진하지만 수학 과목, 특히 물리 과목만큼은 뛰어나 모두 1등급을 받았고 3학년 1학기 때 물리2 과목은 이수자 25명 중에서 1등으로 유일한 1등급을 받았습니다. 3학년 1학기까지 평균 내신이 1.7등급 정도 됩니다. 이 학생은 항공우주공학자가 되어 우주선을 쏘아올리는 것이 꿈입니다. 그래서 서울대 기계항공공학부에 원서를 썼습니다. 이 학생은 과학 축제에서 로봇 제작, 로켓 발사 등의 다양한 활동을 많이 했습니다.

여러분이 서울대 교수 혹은 입학사정관이라면 둘 중에 어떤 학생을 선발하겠는가? 학교 차가 있을 수 있으니까 두 학생 모두 같은 학교 학생이라고 가정하고 말이다.

내가 볼 때 두 학생 중에 한 명을 고르라면 B 학생이 선발될 확률이 높다. 바로 전공 적합성 때문이다. 세 가지 측면에서 B 학생은 A 학생을 이길 확률이 높다. 수학 과목이 전 과목 1등급이고 물리 2에서 A 학생이 4등급을 받을 때 B 학생은 1등급을 받았다. 그리고 생명과학 동아리에서 경험한 해부 실험보다는 로봇 제작, 로켓 발사 등의 활동 경험을 더 높이 살 것이다. 이 세 가지는 충분히 결정적이다. 이게 바로 전공 적합성의 힘이다.

## 2. 학업 적성

학생부종합전형을 둔 많은 대학에서 학업 관련 측면을 열심히 본다. 이름은 조금씩 달라서 숙명여대에서는 학업 수행 역량이고 서울대에서는 학업 능력이며 경희대에서는 학업 발전성이다. 명칭이야 어쨌든 모두 공부와 관련된 것이다. 서울대는 객관적으로 드러나는 능력을, 경희대는 앞으로 공부를 잘할 가능성을, 숙명여대도 경희대처럼 대학 와서 공부를 잘할 것이라는 증거를 요구하는 것이다. 대학들은 결국 공부를 잘해왔거나 잘할 수 있는 학생들을 뽑고자 하는 것인데, 서울대처럼 국내 최고의 인재들이 모이는 곳은 공부를 잘하는 학생들이기에 당장의 실력을 요구하고, 그렇지 않은 대학들은 앞으로 공부를 잘할 학생들을 선발하려는 것이다.

그런데 이런 궁금증이 슬금슬금 일어난다. 학업 적성은 내신 성적과 같은 것 아닌가? 내신 혹은 교과라고 하면 될 터인데 왜 굳이 학업 적성이라는 용어로 마치 내신 성적으로 학생들을 선발하지 않는 것처럼 말할까? 학업 적성이라지만 결국 내신 성적 순으로 학생 뽑는 것 아닌가?

이렇게 답변드린다. 학업 적성이라고 굳이 표현하는 이유는 내신 성적과는 다르기 때문에 그런 것 아닐까? 그렇다면 어떻게 다를까? 내신 성적이 고등학교 공부 실력이라면 대학에서 하는 공부 실력은 바로 학업 적성이라고 할 수 있다.

다시 말해서 객관식 문제를 많이 맞춰서 성적이 좋은 것은 내신 성적으로 알 수 있지만 대학에 와서 리포트를 잘 쓰고 중간 고사나 기말 고사를 잘 치를지는 내신 성적만으로 알 수 없기에 학업 적성이라는 표현을 쓰는 것이다.

그렇다면 학업 적성이 전공 적합성과 비슷한 것 아니냐는 반론이 나올 수 있다. 전공 적합성은 기계공학과를 가려는 학생에게 물리, 영문과를 가려는 학생에게 영어 등 특정 과목의 성적에 좌우된다고 말씀드릴 수 있는 반면, 학업 적성은 전 과목 전 영역에 고루 걸쳐 있다고 봐야 한다. 대학에서는 전공 공부만 하는 것이 아니기 때문이다. 교양 과목이나 부전공 과목까지 치면 절반 정도는 전공 외 공부를 해야 한다.

그래서 전공 적합성이 아닌 학업 적성이란 개념이 대학 공부에 필요한 것이다. 물론 학업 적성에는 전공 관련 과목들의 성취도도 포함되기에 전공 적합성보다 조금 더 광범위한 개념이라고 볼 수 있다. 전공 적합성은 공부 외에도 전공 관련 서적을 읽었다거나 활동을 통해서 검증할 수 있는 반면, 학업 적성은 내신 성적이나 교내 상 같은 경쟁을 통해 보여주어야 한다는 점이 차이점이다.

다음 두 학생의 사례를 비교해보자. 두 학생 중에서 학업 적성이 뛰어난 학생은 누구일까?

C 학생은 내로라하는 인재들이 모인 전국 단위 자사고에서 내신 성적이 4등급 초반입니다. 문과생으로 국영사 성적이 수학 성적보다 약간 높습니다. 교내 상은 수학 경시대회는 없지만 탐구 대회, 에세이 대회, 토론 대회 등의 실적을 갖고 있습니다. 책을 많이 읽어 독서 활동 상황이 무려 8페이지에 이릅니다. 이 학생은 서울대 인문대 일반전형에 원서를 썼습니다.



D 학생은 지방의 일반고에서 전교 2등으로 내신이 1.17 정도 됩니다. 국영수사 모두 1등급을 받았고 과학 과목과 기타 과목에서 2등급이 발견됩니다. 교내 상도 수학 경시대회를 비롯해 30개 정도 되고 학교생활도 무난한 편이지만 상대적으로 독서 활동이 소홀해 학생부의 분량은 15페이지 내외였습니다. 역시 서울대 일반전형으로 인문대에 원서를 썼습니다.

여러분이 서울대 입학사정관이라면 어떤 학생을 선발할까? 이번 케이스는 쉽지 않아 보인다. 아마도 평가가 갈릴 것 같다. 평가자가 해당 학과 교수라면 C 학생을, 입학사정관이라면 D 학생을 선호할 성싶다. 결국 자기소개서와 면접까지 가야 승부가 갈릴 듯하다. 이런 경우에 두 사람 중 한 사람을 뽑아야 한다면 나는 C 학생이 선발될 확률이 조금 더 높다고 생각한다. 둘 다 뛰어난 학생이라고 보이지만 학업 적성 외에 전공 적합성까지 고려할 때 C 학생이 더 매력적으로 비치기 때문이다. 이럴 때는 개인적 매력이 캐스팅 보트를 쥔 셈이다.

## 3. 전형 적합성

이제 전형 적합성이다. 전형 적합성은 조금 간략하게 다룬다. 갈수록 중요도가 줄어들고 있기 때문이다. 정부와 여론은 학생부종합전형이 복잡하다며 대학들이 공통적인 평가 항목과 요소를 갖추어주기를 바라고 있다. 전형 적합성은 자기 학교에 맞는 인재를 선발하는 것을 목표로 하고 있기 때문에 학교별로 다를 수밖에 없다. 어느 학교는 리더십이 뛰어난 학생을, 어떤 학교는 봉사 정신이 투철한 인재를, 또 어떤 학교는 호기심이 많은 학생을 선발하고 싶을 테니 말이다.

전형 적합성은 전공 적합성과는 성격이 다르다. 전공 적합성은 학과마다 달라지지만 전형 적합성은 학과마다 다른 게 아니라 학교마다 달라진다. 경희대 네오 르네상스전형에서 평가하는 전형 적합성은 중앙대 다빈치전형에서 평가하는 전형 적합성과 다를 수밖에 없다. 두 학교의 전형 적합성을 비교해보자.

사례 5

경희의 인재상은 글로벌 리더십을 갖춘 실천적 '세계인', 학문적 수월성과 실용적 전문성을 갖춘 '창조인', 인간과 자연 공동체의 조화를 모색하고 사유하는 '문화인'으로, 경희대는 이렇게 성장할 잠재력을 갖춘 학생을 선발하고자 합니다.

사례 6

중앙대의 교육 목표(자율적 교양인, 실용적 전문인, 실험적 창조인, 실천적 봉사인, 개방적 문화인)을 균형적으로 실현할 수 있는 능력을 입증할 수 있는 자를 선발하려고 합니다.

두 학교의 인재상은 비슷하면서 다르다. 경희대는 조금 더 글로벌 리더십을 강조하고 있다. 예를 들면 비슷한 성적인데 영어 실력이 좋은 학생이라면 중앙대보다 경희대에 원서를 쓰는 것이 유리할 수 있다. 반대로 봉사에서 어떤 확실한 인상을 보여줄 수 있는 학생이라면 인재상에서 적극적으로 봉사 정신을 추구하는 중앙대가 조금 더 유리할 수 있다. 이게 바로 전형 적합성이다.


## 4. 자기주도성

문자 그대로 자기주도성이다. 자기가 알아서 한 것 말이다. 남이 시켜서 한 것이 아니라. 스스로 자신이 원해서 또 자신이 필요성을 느껴서 했을 때 자기주도성을 인정받는다. 그런데 만나보지 않고 서류만으로 어떻게 자기주도성을 파악할 수 있을까? 만나서 물어보면 이 학생이 열정을 갖고 했는지, 시켜서 했는지 혹은 아무 생각이 없는지 등을 알 수 있겠지만 서류로는 알아내기가 여간 쉽지 않을 것 같다. 그런데 과연 그럴까? 다음 사례를 보자.

**사례 7**

> 저는 개인적으로 다른 사람들 앞에서 발표하는 것을 즐깁니다. 우연한 기회에 제가 살고 있는 지역에서 모의 유엔 대회를 연다는 소식을 듣고 참가를 결심했습니다. 모의 유엔 대회를 준비하는 과정에서 저는

이 학생은 무엇이 문제일까? 바로 "우연한 기회에"라는 표현이 문제다. 우연한 기회에 혹은 학교 선생님의 권유로, 이런 식으로 자기소개서를 쓸 때 대학들은 이 학생이 자신의 의지나 자신이 스스로 의미를 두고 노력한 활동이 아닐 수 있다고 의심할 수 있다. 자기주도성은 학생 스스로 증명하는 것이니만큼 학생부나 추천서보다 자기소개서가 중요할 수 있다. 학생들이 자기소개서를 쓸 때는 자기주도성을 모든 활동에 깔고 글을 시작하겠다는 자세를 가지면 좋다. 물론 선생님들이 학교생활기록부의 행동 특성 및 종합 의견에서 증명해주는 방법도 있겠지만. 다음 사례를 보자. 과학고 학생이다.

**사례 8**

첫 중간고사 성적이 예상보다 좋지 않아 좌절감에 빠져 있던 상황에서 기숙사를 함께 사용하는 친구를 설득해 '고교생 물리 캠프'라는 대회에 함께 참가하는 열정을 보였습니다. 자신이 좋아하는 우주론을 다시 공부하면서 우주공학이라는 꿈을 상기하는 기회가 되었다고 합니다.

어떤가? 성적이 예상보다 좋지 않아 좌절할 수도 있었지만 무너지지 않고 자신이 적극적으로 돌파구를 찾은 느낌이 든다. 혼자 나갈 수 없는 대회여서 결국 친구까지 설득해냈다. 이런 식으로 학생부가 기술되어 있다면 자기주도성을 자기소개서 쓸 때 따로 인식하지 않아도 될 듯하다.


## 5. 경험 다양성

이제 다섯 번째 키워드, 바로 경험 다양성이다. 다양한 경험을 하는 것이다. 지금까지 살펴본 키워드들이 대부분의 대학에서 평가 요소로 활용되는 반면, 경험 다양성은 평가하는 학교도 있고 그렇지 않은 학교도 있다. 경희대가 대표적이다. 꼭 전공과 관련되지 않는 활동이더라도 다양한 활동을 하는 학생들이 이 요소에서는 높은 평가를 받을 수 있다. 반면 중앙대에서는 문화친화성이라는 평가 요소가 있다. 경험 다양성과 비슷한데 그 범위가 문화 예술 쪽으로 좁혀 들어가는 느낌이다. 여행을 즐긴다든지, 체육 활동을 열심히 하는 것도 포함될 수 있다.

경희대 측은 경험 다양성이 무엇이냐는 질문에 창의적 체험 활동의 다양성과 충실성이라고 대답했다. 다양하되 충실하게 해야 한다는 것이다. 학생이라면 공부만 열심히 해서는 안 되고, 놀 때도 열심히, 운

동할 때도 열심히 하는 등 매사 열심히 살면 경험 다양성 지수는 높아
질 것이다. 그러나 잠은 자야 하는 법이다. 그리고 빡빡한 학교생활에
서 시간을 내기는 쉬운 게 아니다. 더군다나 외부 활동은 어지간해서
는 학생부에 적기 어려워서 학교 바깥에서 다양한 경험을 쌓기가 더
욱 어려워진 것처럼 보인다. 경험 다양성이 아무리 중요하다 한들 전
공 적합성이나 학업 적성에 비할 바는 아니기에 우선순위에서 밀리기
십상이다. 가성비, 쉽게 말해 어떻게 해야 효과적으로 경험 다양성을
증명할 수 있을까? 다음 사례를 보자.

**사례 9**

F 학생은 인권을 수호하는 의사가 되는 것이 꿈입니다. 이 학생은 이
과였지만 인권 동아리 부장으로 활동하고 있습니다. 친구들과의 다양
한 토론학습과 학습 활동을 통해 인권에 대한 생각이 전보다 훨씬 깊
고 명확해졌습니다. 미래에 의료계를 발전시켜 현재 혜택을 누리지 못
하고 있는 사람들이 의료 혜택을 누릴 수 있도록 하는 등 인권을 수호
하는 의사가 되고 싶다는 꿈을 세우게 되었다고 합니다.

어떤가? 인권 동아리는 의대에 진학하려는 학생들에게는 상관없는
활동이라고 여겨질 수 있다. 전공 적합성을 키우려면 해부 동아리를

하는 게 맞을 테니까. 하지만 이 학생은 인권 동아리 활동을 통해 전공 적합성과 경험 다양성을 동시에 증명했다. 그 결과 자신만의 차별화되고 멋진 진로를 설계하면서 스스로 동기부여도 되고 공부를 더욱 더 효율적이고 진취적으로 할 수 있었던 것이다. 이게 바로 경험 다양성과 전공 적합성을 동시에 충족시킨 사례다.


## 6. 인성


여섯 번째 키워드, 인성은 어떻게 평가할까? 우선 인성의 의미에 대해서 정확히 알아보자. 네이버 사전에는 이렇게 정의되어 있다.

인성(人性, personality) : 자신만의 생활스타일로서 다른 사람들과 구분되는 지속적이고 일관된 독특한 심리 및 행동 양식이다.

인성은 그 사람에게서 드러나는 심리 및 행동 양식을 지칭한다. 가장 가까운 유의어는 성품이 될 것이다.

그런데 직접 보지 않고 인성을 어떻게 알 수 있을까? 아니 만나서 10분 동안 이야기해보면 알 수 있는 것이 인성일까? 하지만 "열 길 물속은 알아도 한 길 사람 속은 모른다"는 말은 진리다. 인성은 지성이나 체력보다 훨씬 파악하기 힘든 요소인 건 분명한 사실이다. 그럼에도 대통령은 대학에서 학생들을 선발할 때 인성도 봐야 한다고 주장한다. 입학사정관이 관상쟁이나 사주쟁이도 아닌데 자기소개서, 학생부, 추천서만 갖고 어떻게 인성을 알 수 있을까? 그래서 대학들은 자구책을 마련하기 시작했다. 우선 첫 단계.

**학생부종합전형의 제 1 법칙**

## 학생부 출결 상황에 문제가 있는 학생은 뽑지 않는다.

**사례 10**

> G 학생은 게임을 아주 좋아하는 학생입니다. 그래서 밤늦게까지 게임을 하다 늦잠을 자기 일쑤였고 아침에 늦게 일어나는 바람에 지각을 하게 되는 경우가 많았습니다. 다행히 어머니와 아버지가 번갈아 가며 선생님께 전화를 드려 무단 지각은 최소화하고 이유 있는 지각으로 만들었지만 3학년 때만 무려 지각이 30회가 넘었습니다.

여러분이 이 학생의 학부모 혹은 학교 선생님이라면 학생부종합전형에 지원하라고 할까? 이 학생은 머리가 아주 좋은 학생으로, 내신보다 모의고사 성적이 훨씬 잘 나오는 케이스였다. 학부모와 선생님 모두 학종 대신 논술전형이나 정시전형을 노려보자고 설득했을 가능성이 높다. 학생부종합전형의 첫 단계인 성실성의 관문을 통과하지 못할 가능성이 높기 때문이다.

입학사정관들이 학생들을 평가할 때 첫 번째로 고려하는 인성은 성실성이다. 이 학생처럼 자유분방하고 자기 통제가 약한 학생은 대학에 오면 이런 패턴을 보이는 경우가 많다. 밤늦게까지 친구들과 술 마시다가 아침에 늦잠을 자서 1교시를 놓치고 1학기 학사 경고를 받은 뒤 휴학을 하고 다시 한 번 수능을 봐서 반수에 도전하는 것이다. 이런 학생은 대학 측에서도 그야말로 진상이다.

물론 인성이 성실성만을 의미하지는 않는다. 성실성 다음에 보는 것이 배려, 협력, 갈등 관리, 나눔, 친화력, 소통 능력 등이다. 엄밀히 말하면 리더십도 인성에 포함될 수 있다. 학생부의 봉사 활동과 행동 특성 및 종합 의견 그리고 자기소개서의 3번 항목에서 파악하려고 노력할 것이다. 여러분이 입학사정관이라면 다음 두 학생 중에서 누구의 인성을 더 높게 평가하겠는가?

**사례 11**

> H 학생은 봉사 시간 200시간, 요양원 봉사와 병원 봉사 등 의대 진학을 목표로 전략적인 봉사 활동을 했습니다. 하지만 학교에서 실시하는

### 사례 12

I 학생은 봉사 시간이 80시간으로 대부분 학교 안에서 한 것입니다. 수학을 특히 잘하는 이 학생은 수학을 어려워하는 친구의 질문을 받아주고 공부법에 관한 멘토링을 해주면서 성적을 끌어올렸고, 행동 특성 및 종합 의견에서도 교우들과의 관계가 좋다고 적혀 있습니다.

어떤가? 이번에는 답이 아주 쉽게 보인다. 나라면 I 학생을 선발하겠다. 비록 봉사 시간이 적고 학교 안에서 했다는 한계는 있지만 무엇보다 학교 안에서 친구를 도왔다는 것이 높은 평가를 받을 수 있다. 앞 학생도 물론 교우 관계가 좋을 수도 있지만 행동 특성 및 종합 의견에서 그런 내용을 확인할 수 없다면 의대에 가기 위해서 준비한 봉사 스펙으로 비칠 가능성도 충분히 있기 때문이다. 물론 자기소개서에서 봉사 활동에 대해 설득력 있게 그 과정과 이유, 느낀 점을 쓴다면 달라질 수도 있겠지만 말이다.

자기소개서도 인성 평가에 중요하지만 대부분의 수험생들이 자기소개서에서 자신의 인성을 부정적으로 이야기할 이유가 없다. 그러다 보니 객관적인 추천서나 학생부의 행동 특성 및 종합 의견이 인성 평가에 더 큰 영향을 미치기도 한다. 실제로 인성은 합격하는 쪽으로 큰 영향을 미치지 못하지만 불합격하는 데에는 큰 영향을 미치기도 한다. 학생부의 행동 특성 및 종합 의견에 이기적이라는 표현이 들어가거나 추천서에 안 좋은 내용을 적어줘서 떨어진 사례들이 있는 것을 보면 인성이 좋아서 붙는 게 아니라 나빠서 떨어지는 것이라고 보는 게 맞을 것이다.

## 7. 학교생활 충실성

이제 일곱 번째 키워드, 학교생활 충실성이다. 학교생활 성실성이라고 부르기도 한다. 문자 그대로 학교생활을 성실하고 충실하게 수행한 학생들에게 유리한 평가 요소다. 학생부종합전형이 사교육을 받지 않고 자기주도적으로 공부한 학생들을 선발하기에 이 요소가 평가 대상이기는 하지만 사실 학교생활 충실성이 합격과 불합격에 미치는 요소는 그렇게 크지 않다. 학생부종합전형을 준비하는 학생이라면 학교생활을 열심히 한 경우가 대부분이기 때문이다. 학교생활 충실성은 앞에서 출결처럼 기본 중의 기본인 것이다. 주로 입학사정관들은 학교생활기록부에서 자율 활동, 교내 상, 세부 능력 및 특기사항에서 방과후학교 등의 활동을 살펴보고 이 요소를 평가한다. 예컨대, 교내 상이 많다는 건 그만큼 학교생활에 관심을 갖고 적극적으로 임했다는 증거가 된다.


## 8. 발전 가능성

여덟 번째 키워드는 발전 가능성이다. 잠재력이라고도 한다. 앞으로 더 나아질 가능성을 찾는 것이다. 발전 가능성 역시 평가하기 애매한 요소이다. 미래를 그만큼 예측하기 어렵기 때문이다. 입학사정관들은 내신 성적의 추이로 발전 가능성과 잠재력을 평가하는 경향이 많다. 다음 두 사례를 살펴보자.

**사례 13**

J 학생은 중학교 때 과고 준비를 하면서 수학, 과학 심화가 부족했던 관계로 과고에 떨어지고 일반고에 진학했지만 첫 학기 성적은 아주 좋았습니다. 이과 학생으로서 국어와 영어 과목도 잘하는지라 전 과목 1등급을 받았던 것입니다. 하지만 자신이 원하는 과고에 떨어졌다는 자괴감과 일반고의 학교 분위기가 마음에 들지 않아 방황을 하게 되었



학생부 합격의 법칙

> 고 2학기 때 성적이 조금 떨어지더니 2학년 때부터는 열심히 공부하
> 는 다른 학생들이 치고 올라가 성적이 더 떨어졌습니다. 3학년 1학기
> 때 조금 정신을 차리고 공부를 다시 시작했지만 성적은 3학년 1학기
> 까지 1.7 등급이었습니다.



> K 학생은 중학교 때 과고 준비를 했지만 수학, 과학 심화가 부족했던
> 관계로 과고에 떨어지고 일반고에 진학한 결과 심리적으로 위축된 상
> 황에서 첫 학기 성적이 아주 안 좋았습니다. 하지만 1학기 마치고 자
> 신의 목표가 분명하며 지금 자신이 처한 환경에서 그 꿈을 이룰 수 있
> 다고 생각했기에 열심히 공부했습니다. 그 결과 2학기부터 성적이 조
> 금씩 올라 3학년 1학기에는 전 과목 1등급을 받을 수 있었습니다. 하
> 지만 1학년 1학기 성적이 워낙 안 좋아서 3학년 1학기까지 평균 1.7 등
> 급이었습니다.

여러분이 입학사정관이라면 두 학생 중에서 어떤 학생을 선발하겠
는가? 나처럼 K 학생을 골라야 한다. 추세대로라면 K 학생은 대학

와서 성적이 더 올라갈 여지가 많지만 J 학생은 그렇지 못할 가능성이 높다고 판단할 것이기에 그렇다. 그런데 미래는 모르는 일이다. 알고 보니 잠재력이 K 학생에게 숨어 있었고 대학에 올라 와서 얼마든지 발휘될 가능성이 있기 때문에 예단할 수는 없는 것이다.

하지만 당장의 실력보다 미래의 가능성을 보고 선발하는 것이 학생부종합전형의 취지이기 때문에 입학사정관들은 딜레마에 빠지게 된다. 결국 잠재력, 발전 가능성도 눈에 보이는 것, 성적의 상승도 같은 것으로 평가할 수밖에 없는 것이다. 물론 면접을 통해서 확인할 수도 있겠지만 1단계 서류 평가에서 잠재력은 현실적으로 성적의 추이 외에는 판단하기 어려운 것이 현실이다.


## 9. 창의성


이제 마지막 요소다. 창의성을 학생부종합전형에서 평가 요소로 활용하는 곳이 고려대 정도다. 다른 대학에서는 창의성이 뛰어난 학생을 원하지 않는 것일까? 어느 누가 창의성과 상상력이 중요하지 않다 하겠는가? 다만 학생들의 학생부와 자기소개서만으로는 창의성을 평가하기가 대단히 어렵기 때문이다. 면접 때 창의적인 질문을 통해서 창의성을 평가할 수도 있다.

다음 면접 문제를 보자. 2013학년도 고려대 학교장추천전형에서 사

용된 문제이다.

당시 교수는 위 그림을 보여주고는 학생들에게 물어보았다.

"그림 속의 이 사람은 왜 절규하는 것 같아요?"

당연히 답이 없는 질문으로, 학생들의 창의력을 평가하기 위한 질문이다. 많은 학생이 현대 사회에서 느끼는 현대인의 불안이라든지 수험생 입장에서 수능 성적표를 받아본 다음에 받은 충격이라든지 하는 식으로 답변했다.

그런데 한 학생은 이렇게 답변을 했다.

"깨달음의 결과일 수도 있습니다. 살다 보면 여러 어려움도 겪을 수 있고 그럴 때마다 사람들은 놀랄 수도 있고 이처럼 절규할 수도 있겠지요. 그러나 어쩌면 이 사람의 절규는 자신이 그 어려움을 극복하거나 시간이 지난 뒤 미처 몰랐던 점을 알고 나서 뒤늦게 드는 깨달음일 수도 있겠다는 생각이 듭니다. 학교생활을 할 때는 힘들기만 했지만 이렇게 고려대학교에 와서 면접을 보게 되는 나를 보고 나의 학교생활이 헛되지만은 않구나라는 생각에서 나는 이와 비슷한 깨달음의 절규를 할 것 같아요."

절규라면 대부분 놀람, 충격, 불안 등의 부정적 반응으로 인식하고 그런 방향으로 답변을 준비하는 경향이 일반적인데 이 학생은 과감하게 절규가 긍정적일 수 있다는 생각을 갖고 반대 방향으로 접근해 들어간 것이다. 이 학생은 합격을 했다. 면접 때 교수님들의 반응도 좋았다고 한다. 적어도 천편일률적이지는 않았으니까 말이다.

1부에서도 말씀드렸지만 앞으로 교육과정 개편 이후 학생부종합전형에서 창의성이 더욱더 높게 평가받을 가능성이 높다. 학생들은 창의성에 대해서도 신경을 써야 할 것이다. 창의력 올림피아드 등의 대회를 준비하는 것도 좋고 학교에서 발생한 문제를 아주 독창적인 방법으로 해결하는 경험 같은 것도 필요하다. 창의성에 관한 책들을 읽고 그 흔적들을 학생부 독서 활동 상황에 적는 것도 한 방법이 될 것이다. 자신이 창의적이라는 증거까지는 못 되지만 창의적이려고 노력한다는 증명은 되지 않을까? 다음 사례를 보자.

> 학교에서 꾸벅꾸벅 조는 학생들을 많이 발견한 L 학생은 키높이 책상을 도입하자는 의견을 학생회에서 냈습니다. 그러나 다른 학생들을 설득하는 과정에서 자신이 아이디어를 냈고 이래서 나는 제안을 했다는 본인 위주의 방식으로 이야기하지 않고 키높이 책상을 설치할 경우 여러분에게 이익이 된다는 쪽으로 설득을 했습니다. 그랬더니 친구들을 쉽게 설득할 수 있었습니다.

문제 해결의 경험은 누구에게나 있고 누구든 어느 정도까지는 창의적일 수 있다. 즉 학생부에 문제 해결의 경험을 많이 적어두면 훗날 자기소개서나 면접을 통해 자신의 창의성의 속살을 드러낼 가능성이 높아지는 것이다.

중요한 것이 있다. 바로 항목 간의 서열과 순위다.
선생님들은 자신들의 권위가 반영되거나 학교의 공식적인 행사에 가까울수록
높은 점수를 주는 경향이 있다.
반면 입학사정관 순위에서 3위가 출결이라는 사실은
입학사정관들이 그 학생의 성실성을 우선적으로 평가한다는 이야기다.

# 3부

# 학생부를 이해하라
## –인적 사항부터 행동 특성까지

# 도대체
# 학생부가 뭘까?

선생님, 학생부종합전형에서 가장 중요한 것이 학교생활기록부라고 하던데, 학생부가 무엇인지 설명해주실 수 있으세요?

반갑습니다. 학생부는 학교생활기록부의 약자로서, 중고등학교 시기에 학교생활 중에 있었던 거의 모든 일을 기록하는 공식 서류입니다. 학생부는 초·중등교육법 제25조에 근거해 그 법적 지위를 인정받습니다.

제25조(학교생활기록)

① 학교의 장은 학생의 학업성취도와 인성(人性) 등을 종합적으로 관찰·평가하여 학생지도 및 상급학교(「고등교육법」제2조 각 호에 따른 학교를 포함한다. 이하 같다)의 학생 선발에 활용할 수 있는 다음 각 호의 자료를 교육부령으로 정하는 기준에 따라 작성·관리하여야 한다.

1. 인적사항

2. 학적사항

3. 출결상황

4. 자격증 및 인증 취득상황

5. 교과학습 발달상황

6. 행동 특성 및 종합 의견

7. 그 밖에 교육목적에 필요한 범위에서 교육부령으로 정하는 사항

② 학교의 장은 제1항에 따른 자료를 제30조의4에 따른 교육정보시스템으로 작성·관리하여야 한다.

현재 10가지 항목 중에서 6개는 법으로 정해져 있고, 교육부령에 따라 창의적 체험 활동 사항, 진로 희망 사항, 독서 활동 사항, 수상 경력이 추가된 것으로 이해할 수 있습니다.

즉 4개는 가변적이고 유동적이라는 이야기죠. 여러분이 나이스(NEIS)라고 하는 것이 바로 교육정보시스템입니다. 모든 기록은 온라인 상(교육정보시스템)에서 공인인증서를 통해서 작성하도록 되어 있습니다. 학생부종합전형은 바로 학생들의 학생부를 평가하는 제도지요.

학생부를 작성해야 하는 시기라는 게 정해져 있다면서요?

네, 해마다 2월 28일(올해 같으면 2월 29일)이면 그해 학생부가 마감되고 특별한 경우가 아니면 수정되지 않습니다. 따라서 학생부종합전형을 준비하는 학생과 학부모라면 자신의 학생부를 3월 이전에 반드시 떼어보고 문제가 있거나 학생부종합전형 평가에 부정적으로 보일 만한 요소를 사전에 제거하시는 게 좋습니다. 요즘엔 출력하지 않고 댁에서 편하게 나이스를 통해서 보실 수 있습니다. 출력본은 학교에서만 발급 가능합니다.

학생부를 학기별로 챙겨야 해요? 아니면 연말에 한꺼번에 챙겨야 하나요?

원칙적으로는 학기별로 챙겨야 합니다. 학생부는 마감이 
다릅니다. 즉 행동 특성처럼 1년에 한 번 마감하는 경우도
있고 독서 활동 상황처럼 1년에 두 번(1학기 말, 2학기 말)
에 걸쳐 마감을 하는 경우도 있습니다. 그럴 경우 1학기, 즉
8월 31일까지 기입을 완료해야 합니다. 하지만 2학기에 1학
기에 적힌 것들을 고칠 수 있기 때문에 학생부는 1학기 말
보다 2학기 말이 훨씬 중요하다고 할 수 있겠죠.

1학기 말에 신경을 써야 하는 것들이 무엇인지 구체적으로
말씀해주시겠어요?

학기별로 구분되어 입력되는 것은 두 가지 교과 학습 발달 
상황과 독서 활동 상황입니다. 봉사 활동 실적이나 수상 실
적은 시간 순서대로 올라가기 때문에 학기별 마감과 비슷
하게 이해하시면 됩니다. 3학년은 조금 다릅니다. 3학년은
수시에서 1학기 학생부만 반영되므로 창의적 체험 활동, 진
로 희망 사항까지 모두 학기별로 기록되어야 합니다. 다만
행동 특성 및 종합 의견은 원칙적으로 학년 말에 기록되는
것이기에 설사 1학기 끝나고 담임선생님이 써주셨다고 해
도 대학의 평가에는 반영되지 않습니다.

　　　　　　　　　　　　　　　　학생부 합격의 법칙

| 학생부 내용 | 세부 내용 |
| --- | --- |
| ① 인적사항 | 성명, 주소, 가족관계, 특기사항 등 |
| ② 학적사항 | 출신 전적학교, 전출입, 편입, 복학,<br>재입학 등과 관련된 내용 |
| ③ 출결 상황 | 재학 기간 중 출결 상황(결석, 조퇴, 지각, 결과)을<br>질병/무단/기타로 구분한 횟수 |
| ④ 수상경력 | 교내 수상 실적<br>(2011년부터 교외 상은 기재하지 않음) |
| ⑤ 자격증 및 인증 취득 상황 | 재학 기간 중 기술과 관련된 자격증의 취득 현황<br>(학습과 관련된 것은 기록 불가) |
| ⑥ 진로 희망 사항 | 학생의 특기 또는 흥미,<br>학생과 학부모의 진로 희망 |
| ⑦ 창의적 체험 활동 상황 | 자율 활동, 동아리 활동, 봉사 활동,<br>진로활동의 제반 내용 |
| ⑧ 교외 체험학습 상황 | 학교장이 인정한 학교 이외의<br>기관이나 단체에서 활동한 내용 |
| ⑨ 교과학습 발달 상황 | 각 교과의 성적,<br>세부 능력 및 특기사항 |
| ⑩ 독서 활동 상황 | 교과 담당 교사나 담임교사가 기록하는<br>학생의 독서 활동 내용 |
| ⑪ 행동 특성 및 종합 의견 | 담임교사가 객관적 사실에 기초하여 학생을<br>총체적으로 이해할 수 있도록 진술한 종합적 의견 |

**2011학년도 학생생활기록부**

학부모

그러면 학생부 항목들에 대해서 조금 더 자세하게 소개해 주세요.

컨설턴트

학생부에는 원래는 11가지의 기재 항목이 있었습니다. 이러다가 2011학년도(14학번) 신입생부터 8번 교외 체험 학습 상황이 빠집니다. 학교 바깥에서 한 활동을 적을 수 없게 된 것이죠. 현재는 모두 10개의 기재 항목이 있습니다. 이 항목 중에서 우선순위를 말씀드리면 행동 특성 및 종합 의견-세부 능력 및 특기사항-동아리 활동-독서 활동-진로 활동-자율 활동-봉사 활동 순으로 챙기셔야 합니다.

학부모

행동 특성 및 종합 의견이 가장 중요한 이유는 뭔가요?

컨설턴트

그 이유는 이렇습니다. 행동 특성 및 종합 의견, 즉 행특은 1학년과 2학년 담임선생님이 1년 동안 지켜본 학생들에 대해서 종합적인 평가를 한 일종의 추천서 역할을 하기 때문입니다. 1,000자의 분량으로 학생부의 모든 평가 영역을 한 자리에 소환해놓은 자료입니다. 학생부의 요약본이라고 할 수 있겠죠. 보통 20장 내외에 이르는 학생부를 짧은 시간 안에 다 읽기 어려운 입학사정관들은 행특을 먼저 보고 이



학생부 합격의 법칙

학생의 학생부를 제대로 꼼꼼히 열심히 봐야 하는지 아니면 대충 볼지 결정하는 경우가 많습니다. 그만큼 중요한 항목입니다. 저는 학생부종합전형의 평가 요소 중 전공 적합성, 학업 능력, 자기주도성보다 인성에서 특히 행특이 차지하는 비중이 크다고 생각합니다. 이기적이라든지, 교칙을 잘 안 지킨다든지 하는 부정적인 내용이 적혀 있는지 점검해봐야 합니다.

그다음으로 중요한 것이 세부 능력 및 특기사항이라는데 그 이유는 뭔가요?

행특 다음으로 눈여겨보아야 할 것이 세부 능력 및 특기사항입니다. 세부 능력 및 특기사항은 담임선생님이 아닌 과목 선생님들의 고유 권한이죠. 이 항목에는 자녀의 성적으로 드러나지 않는 역량, 예컨대 수학에서 기하와 벡터 단원에 특히 강하다와 같은, 무엇을 잘하는지 무엇에 관심이 있는지 등을 구체적으로 드러내는 것이 좋습니다. 특목고, 자사고와 일반고 사이에서 가장 큰 차이가 발생하는 곳이 바로 세부 능력 및 특기사항이니만큼 일반고 학부모들은 꼭 신경 써서 읽어보셔야 합니다.

학생부종합전형에서 가장 중요한 건 동아리라고 들었습니다. 동아리 활동은 어떤 의미가 있나요?

네, 동아리 활동도 못지않게 중요하지요. 동아리 활동은 동아리 담당 선생님이 써주십니다. 전공과 연계되는 동아리에서는 전공 적합성을 드러내고, 기타 동아리라면 동아리 활동을 통해 드러나는 리더십을 부각시키는 게 좋습니다.

요즘 전공 적합성, 전공 적합성 이런 말을 많이 해요. 전공 적합성을 독서로 보여주자는 주장도 여기저기서 들리고요. 독서 활동은 어떻게 이해해야 할까요?

독서 활동은 갈수록 중요해지고 있습니다. 독서 활동의 제일 큰 매력은 학생부에서 가장 분량이 많다는 점입니다. 그만큼 적을 여지가 많습니다. 공통 1,000자, 각 과목별 500자로 분량이 충분합니다. 따라서 동아리, 진로, 자율 등 다른 활동에서 충분히 못 쓴 내용이 있다면 이 항목에 녹여내는 것이 좋습니다. 예를 들어 이런 식이죠. 동아리 활동에서 토론 동아리를 했고 토론 주제로 사형제도를 택했다면 그 주제와 관련된 책들을 읽었다는 식으로 창의적 체험 활동 또는 교과 활동과 연계시키는 게 좋습니다.

창체, 창체라고 말을 많이 하잖아요. 창의적 체험 활동은 어떻게 정리해야 하나요?

동아리 활동을 포함해서 진로 활동, 자율 활동, 봉사 활동까지 이렇게 네 가지가 창체 활동입니다. 진로 활동과 자율 활동, 봉사 활동은 각각 다음과 같은 관점에서 생각해주시면 좋을 것 같습니다.

진로 활동은 자신의 진로와 관련되어 본인이 의미 부여를 하고 적극적으로 했던 내용이 반영되었는지, 자율 활동은 학교에서 모든 학생이 일률적으로 하는 활동보다 자신이 자율적으로 한 활동이 많이 적혀 있는지, 또 봉사 활동은 구체적으로 어떤 계기에서 시작했고 어떤 활동을 어떤 식으로 했는지입니다.

또 한 가지 저희 학부모들이 챙겨야 할 것은 무엇이 있을까요?

중간중간 말씀을 드렸지만 학생부는 분량이 제한되어 있습니다. 따라서 무엇을 쓸지 또 어느 정도의 비중으로 담을지 신중하게 생각하시는 게 좋습니다. 최대 글자 수는 다음 페이지를 살펴보시면 됩니다.

| 영역 | 세부항목 | 최대 글자수<br>(한글 기준) | 비고 |
| --- | --- | --- | --- |
| 1. 인적사항 | 학생 성명 | 20자 | 영문 60자 |
| | 학부모 성명 | 15자 | 영문 55자 |
| | 주소 | 300자 | |
| | 특기사항 | 500자 | |
| 2. 학적사항 | 특기사항 | 500자 | |
| 3. 출결상황 | 특기사항 | 500자 | |
| 4. 수상경력 | 수상명 | 100자 | |
| | 참가대상(참가인원) | 25자 | |
| 5. 자격증 및<br>인증 취득상황 | 명칭 또는 종류 | 100자 | 2010학년도 이후는<br>고등학교만 해당 |
| 6. 진로희망사항* | 희망사유 | 200자 | |
| 7. 창의적<br>체험활동상황* | 자율활동 특기사항 | 1,000자 | |
| | 동아리활동 특기사항 | 500자 | |
| | 봉사활동 특기사항 | 500자 | |
| | 진로활동 특기사항 | 1,000자 | |
| | 봉사활동실적<br>활동내용 | 250자 | |
| 8. 자유학기활동* | 진로탐색활동<br>특기사항 | 1,000자 | 중학교만 해당 |
| | 주제선택활동<br>특기사항 | 1,000자 | 중학교만 해당 |
| | 예술·체육활동<br>특기사항 | 1,000자 | 중학교만 해당 |
| | 동아리활동 특기사항 | 1,000자 | 중학교만 해당 |
| 9. 교과학습발달상황* | 일반과목 세부능력 및<br>특기사항 | 과목별 500자 | 고등학교 전문교과Ⅱ<br>능력단위별 500자 |
| | 개인별 세부능력 및<br>특기사항 | 500자 | |
| | 예체능과목 특기사항 | 과목별 500자 | |
| | 개인별 특기사항 | 500자 | |
| 10. 독서활동상황* | 공통 | 1,000자 | |
| | 과목별 | 500자 | |
| 11. 행동특성<br>및 종합의견* | 행동특성 및 종합의견 | 1,000자 | |
| 12. 학년이력 | 전공·과정 비고 | 250자 | 고등학교 |

(교육정보시스템, 2016.03. 현재)
＊ 최대 글자수 기준은 학년 단위임.

※ 입력 글자의 단위는 Byte이며, 한글 1자는 3Byte, 영문·숫자 1자는 1Byte, 엔터(Enter)는 2Byte임.

**학생생활기록부 최대 글자 수**

큰 틀에서 학생부를 이해했으니 다음 장에서 각 항목별로 조금 더 자세하게 알아보도록 하겠습니다.

이제부터 하나하나 살펴볼까요? 교육부에서는 해마다 학교생활기록부 기재 요령이라는 자료집을 일선 학교에 배포합니다. 학교선생님을 대상으로 내는 책자인데요. 유의사항에 보면 이런 문구가 적혀 있습니다.

학교생활기록부에는 학생의 다양한 창의적 체험 활동(진로정보탐색 활동, 봉사 활동 등) 실적만을 나열하기보다는 꿈과 끼 탐색 활동을 통해 학생이 변화되어가는 모습이 전체적으로 잘 드러나도록 충실하게 기록하여 주시기 바랍니다.

• 객관적 사실에 근거하여 핵심내용 간략히 기재

• 과도한 내용(글자수) 입력, 지나친 미사여구, 칭찬 일색의 내용 구성 등 자제

• 학생의 개별적 특성이 드러나지 않는 학급 또는 학년 단위로 실시된 활동의 단순한 나열식 입력 지양

학교생활기록부에는 학교교육계획이나 학교교육과정에 의거하여 학교에서 실시한 각종 교육활동의 이수상황(활동 내용에 따른 개별적 특성이 드러나는 사항 중심)을 기재하는 것이 원칙입니다.

지나친 칭찬이나 실적 나열을 지양하고 학생의 변화되어가는 모습을 충실하게 기록해 달라고 부탁하고 있습니다. 그러나 현장에서 제가 만난 학생부는 아직도 실적 나열 아니면 지나친 칭찬 일색인 경우가 많습니다.

그렇다면 교육부의 공식 가이드라인을 중심으로 각각 항목들이 무엇이고 어떻게 적는 것이 원칙인지 살펴볼까요?



학생부 합격의 법칙

# 인적 사항

> ① '학생' 란에는 성명, 성별, 주민등록번호와 입학 당시의 주소를 입력하되, 재학 중 주소가 변경된 경우에는 변경된 주소를 누가하여 입력한다.
>
> ② '가족상황' 란에는 부모의 성명, 생년월일을 입력하고, '특기사항' 란에는 학생 이해에 도움이 될 수 있는 내용이 있는 경우 본인 또는 보호자의 동의를 받아 입력한다.

인적 사항은 학생의 이름과 주소, 주민번호, 부모의 이름과 생년월일, 그리고 부모님이 돌아가셨거나 이혼 등의 특별한 사유가 있을 때

| | | |
|---|---|---|
| ❶ 학생 | 성명:  성별:  주민등록번호:<br>주소: | |
| ❷ 가족 부<br>　상황 모 | 성명:  생년월일:<br>성명:  생년월일: | |
| ❸ 특기사항 | | |

**인적 사항 예시**

기입한다. 학생부에서는 위와 같이 생겼다.

학생부종합전형에서 인적 사항 자체를 평가하는 곳은 거의 없다. 다만 고려의 대상이 될 수 있다. 어떤 경우가 고려의 대상이 될까?

우선 주소를 보면 이 학생의 집이 부촌인지 아니면 가난한 지역인지 알 수 있다. 예컨대 타워펠리스에 사는 학생이 우리 학교에 지원했구나 정도는 알 수 있다는 것이다. 물론 어떤 입사관도 타워펠리스에 산다는 이유 하나만으로 가산점을 주거나 점수를 깎아야 할 지점에서 눈감아주는 특혜를 베풀지는 않을 것이다. 그러나 평가자도 인간이고 세상물정을 아는 사회인이기에 타워펠리스라는 사실을 의식하면서 나머지 학생부와 자기소개서를 볼 수 있다는 이야기다.

또 한 가지 경우는, 부모 중에 한 분이 돌아가시거나 이혼을 했을 때이다. 아마 이 경우에는 대부분의 평가자가 '지원자가 힘들었겠구나'라는 정도의 인식을 갖고 학생부의 나머지 부분과 자기소개서 등을 살펴볼 것 같다. 역경 극복 능력이나 자기 주도성 등에서 아무래도 긍정적인 평가를 하기 쉽지 않을까? 논리학에서는 연민에의 호소는 논리적 오류라고 하는데 학생부종합전형에서는 반드시 그런 것만은 아니라는 생각이 든다.

　세 번째 경우는 부모님이나 학생 본인이 유명인인 케이스다. 본인보다는 부모님이 유명할 경우가 압도적으로 많을 텐데, 예전에 친한 어떤 국회의원이 아이가 서울대에 원서를 쓸 때 걱정하는 경우를 보았다. 그 학과 교수님 중에서 자신의 정치 성향과 반대편에 서 있는 사람이 많아서 떨어질 것 같다고 이야기했는데 실제로 1단계도 통과하지 못하고 떨어졌다. 나름대로 내신 관리도 잘하고 비교과도 좋았는데 떨어진 것을 보니 정치 성향이 작용한 건지도 모르겠다는 생각이 들었지만, 물론 증명할 방법은 없다.

　인적 사항은 수험생 지원자의 입장에서는 철저하게 우연적 요소에 불과하다. 자신의 노력으로 성취한 결과가 아니라 부모님, 거주하는 환경 등이기 때문에 사실 학생부종합전형에서 실제 평가 대상이라거나 평가자에 영향을 미친다면 억울할 노릇이다. 앞으로 학생부종합전형으로 선발하는 인원이 점점 늘고 사람들의 관심이 더 많이 쏠리면 인적 사항에도 관심이 모이고 금수저 전형이니 아니니 하는 논쟁이 일면서 결국 본인 이름 외에 다른 내용은 모두 ○○로 기록되는 일이 벌어질 수도 있을지 모른다.

**3**

# 학적 사항

① 중·고등학교에서는 입학 전 전적학교의 졸업 연월일과 학교명을 입력하며, 검정고시 합격자는 합격연월일과 '검정고시합격'이라고 입력한다.

② 재학 중 학적변동이 발생한 경우에는 전출교와 전입교에서 각각 학적변동이 발생한 일자, 학교와 학년, 학적변동 내용을 입력한다. 학적처리에 사용하는 용어는 별지 제7호와 같다.

③ '특기사항' 란에는 학적변동의 사유를 입력한다. 특기사항 중 학교폭력과 관련된 사항은 「학교폭력예방 및 대책에 관한 법률」 제17조에 규정된 가해학생에 대한 조치사항을 입력한다.

| ❶ 년  월  일 | 중학교 제3학년 졸업 |
| 년  월  일 | 고등학교 제1학년 입학 |
| ❷ 특 기 사 항 | |

**학적 사항 예시**

인적 사항은 학생의 운과 우연적 요소인 반면에 학적 사항은 학교, 즉 학생 자신의 선택과 노력이 빚어낸 결과다. 하지만 학적 사항을 학생부종합전형에서 평가하는 학교는 공식적으로는 없다. 그렇게 될 경우 고교 등급제(본고사, 기여입학제와 함께 정부가 금하는 3불)를 하게 되기 때문이다. 그러나 인적 사항에서 말씀드렸듯이 중요한 사실은 이 학생이 외고 학생인지 자사고 학생인지 강남의 고교 학생인지 지방의 일반고 학생인지 알고 있는 상태에서 학생의 나머지 서류들을 평가한다는 사실이다. 이 사실은 평가자에 따라 또 수험생에 따라 긍정적일 수도 부정적일 수도 있다.

예를 들어, 서울대 사회과학대의 어떤 과는 전통적으로 외고 학생들에게 문호를 열지 않기로 유명했다. 학적 사항에서 외고라는 것만으로 불이익이 있는 게 아니냐는 소문마저 돌았다. 반대로 자연대의 어떤 과에서는 일반고 출신이 일반전형에서 합격하는 일이 거의 없어 그 과에서는 과학고, 영재고라는 이유만으로 좋게 보는 것 아니냐는 논란이 끊이지 않았다. 학적 사항이 다른 것은 몰라도 전공 적합성과 학업 적성에 어떤 영향을 미치는 것은 아니냐는 지적에 타당성이 있

| 2012년 02월 16일<br>2012년 03월 02일<br>2013년 09월 21일<br>2015년 03월 04일<br>2016년 03월 04일 | ○○중학교 제3학년 졸업<br>□□고등학교 제1학년 입학(2013년 09월 20일 전출)<br>△△고등학교 제2학년 전입학(2014년 04월 09일 자퇴)<br>△△고등학교 제3학년 재입학(2015년 05월 01일 퇴학)<br>○○고등학교 제3학년 편입학 |
|---|---|
| 특기사항 | 2014.04.09. 가정 사정으로 자퇴<br>2015.05.01. 학교규칙 위반으로 퇴학 |

**학적 사항 사례**

는 것이다.

또 한 가지 학적 사항이 학생부종합전형에서 영향력을 미치는 부분은 바로 전학 혹은 자퇴 후 복학이다. 위 사례를 보자.

이 학생은 전학, 자퇴, 퇴학, 편입학 등 학적 사항이 복잡하다. 전학을 여러 번 했거나 자퇴 후 복학한 학생들은 일단 평가자 입장에서 걱정부터 앞설 수밖에 없다. 무슨 문제가 있었을까? 지금은 괜찮을까? 이 학생 뽑아놓고 나면 휴학과 복학을 밥 먹듯이 반복하다 결국 자퇴하는 것은 아닐까? 자기소개서 등에서 우려를 불식시킬 만한 어떤 요소가 있어야 평가에서 반전이 있을 수 있다. 내 경험으로도 일단 전학을 여러 번 하거나 자퇴 후 복학 등의 학적 변동을 보이는 학생들은 학생부종합전형에서 불리하게 출발하게 된다는 사실은 진리인 것 같다. 이렇게 보면 학생부종합전형은 모난 돌이 정 맞는 전형, 아무 탈없는 모범생 스타일의 학생을 뽑을 수밖에 없는 구조다.

# 4

# 출결 상황

① '수업일수'는 초·중등교육법 시행령 제45조의 규정에 의하여 학교장이 정한 학년별 학생이 연간 총 출석해야 할 일수를 입력한다.

② '결석일수', '지각', '조퇴', '결과'는 별지 제8호의 '출결상황 관리'에 따라 질병·무단·기타로 구분하여 연간 총일수 또는 횟수를 각각 입력한다.

③ 재취학 등 학적이 변동된 학생의 동 학년의 수업일수 및 출결상황은 학적변동 전(원적교)의 것과 변동 이후의 것을 합산하여 입력한다.

④ '특기사항' 란에는 결석사유 또는 개근 등 특기사항이 있는 경우 학급담임교사가 입력한다.

특기사항 중 학교폭력과 관련된 사항은 「학교폭력예방 및 대책에 관한 법률」 제17조에 규정된 가해학생에 대한 조치사항을 입력한다.

출결은 학생의 성실성을 가늠하는 으뜸 잣대다. 출결 때문에 합격하기는 어렵지만 충분히 떨어질 수는 있다. 결석, 지각, 조퇴가 3년 동안 단 한 번도 없는 게 가장 좋고, 만일 있다면 무단이 없거나 무단이 있어도 1회 정도로 최소화하는 것이 그다음으로 좋다. 지각, 조퇴가 많거나 장기 결석이 발생했다면 사유를 특기사항에 적어주는 것이 필요하다. 이 학생은 과민성 대장염 증세로 몸이 아파 아침에 지각을 많이 하게 되었다거나 어머니가 아프셔서 동생들을 돌보기 위해 조퇴를 많이 했다는 식으로 말이다.

참고로 '지각'은 학교장이 정한 등교 시각까지 출석하지 않은 경우로, 학교장이 정한 등교 시각 이후 하교 시각 사이에 등교하면 지각으로 처리한다. 결석, 지각, 조퇴, 결과 중에서 가장 부정적인 인상을 주는 것이 지각이다.

'조퇴'는 학교장이 정한 하교 시각 전에 학교를 나가는 경우이며, 학교장이 정한 등교 시각 이전에 등교하였다가 어떤 사유로든지 수업

| 학년 | 수업<br>일수<br>❶ | ❷ 결석일수 | | | 지각 | | | 조퇴 | | | 결과 | | | 특기<br>사항<br>❸ |
|---|---|---|---|---|---|---|---|---|---|---|---|---|---|---|
| | | 질병 | 무단 | 기타 | 질병 | 무단 | 기타 | 질병 | 무단 | 기타 | 질병 | 무단 | 기타 | |
| 1 | | | | | | | | | | | | | | |

출결 상황 예시

에 참여하지 않고 하교한 경우에는 조퇴로 처리한다.

'결과'는 수업 시간에 불참하거나 교육 활동을 고의적으로 방해한 경우(수업 진행을 어렵게 하거나 수업에 늦게 참여하는 등)로, 구체적인 기준은 학교장이 정한다. 수업 시간을 빼먹으면 결과가 되는 것이다. 원칙적으로는 아파서 잠시 양호실에 누워 있다 와도 결과로 처리된다.

출결이 복잡한 학생들이 학생부종합전형에 합격한 사례가 별로 없다. 아니 지원하는 경우도 거의 없다. 출결이 복잡한 학생 중에서 주로 지각, 조퇴, 결과가 많은 학생들은 좋게 말하면 자유분방하고, 부정적으로 말하면 자기 통제력이 부족하다는 이야기이다. 대학들도 그 사실을 잘 알고 있다.

하지만 결석은 조금 다르다. 몸이 아팠을 때는 일장일단이 있다. 장점이라면 몸이 아팠으니 힘들었겠구나 동정을 불러일으킬 수 있다는 사실인데, 그럼에도 성적이 좋거나 비교과가 훌륭하면 이 학생의 노력에 더 많은 점수를 줄 수 있다. 반대로 걱정을 안겨줄 수도 있다. 이 학생, 지금은 어떨까? 뽑아놓고 나면 학교를 잘 다닐 수도 있을까? 특히 의대처럼 강인한 체력이 요구되거나 치료하는 사람의 건강도 중요

| 학년 | 수업<br>일수 | 결석일수 | | | 지각 | | | 조퇴 | | | 결과 | | | 특기사항 |
|---|---|---|---|---|---|---|---|---|---|---|---|---|---|---|
| | | 질병 | 무단 | 기타 | 질병 | 무단 | 기타 | 질병 | 무단 | 기타 | 질병 | 무단 | 기타 | |
| 1 | | | | | | | | | | | | | | |
| 2 | | 15 | | | | | | | | | | | | 다리수술<br>(12일) |
| 3 | | | | | | | | | | | | | | |

한 학과인 경우는 더더욱 그럴 것이다. 위 사례를 보자.

이 학생은 2학년 때 15일 동안 질병 결석을 했다. 다리 수술로 12일을 결석한 것이고 나머지 사흘은 감기 같은 작은 병 때문에 결석을 한 것으로 보인다. 3학년 1학기 출결에서 질병 결석이 없다면 대학 측은 다리가 완전히 나았군, 대학에서 공부하는 데는 별 지장이 없겠구나 판단할 것이다.

# 수상 경력

① 재학 중 학생이 교내에서 수상한 상의 명칭, 등급(위), 수상연월일, 수여기관명, 참가대상(참가인원)을 입력한다.

② 동일한 작품이나 내용으로 수준이 다른 상을 여러 번 수상하였을 경우, 최고 수준의 수상경력만을 입력한다.

③ 교내상 수상인원은 대회별 참가인원의 20% 이내로 권장하되, 학교 규모 및 대회 특성에 따라 학교장이 자율적으로 수상비율을 정할 수 있다.

학생부종합전형에서 아주 중요한 수상 경력이다. 교내 상이라고 한다. 2011학년도부터는 원칙적으로 교외 상을 적을 수 없기 때문에 현재로서는 수상 경력＝교내 상이다. 교육부는 수상 경력에 특히 신경을 쓰고 있다. 경쟁을 통해 우수성을 증명하는 것이기에 내신 다음으로 사교육 유발 효과가 가장 크기 때문이다. 다음 지침을 보자.

"각종 공인어학시험(관련 교내 수상실적 포함), 교외 경시대회, 교내·외 인증시험 등의 참여 사실이나 성적(모의고사·전국연합학력평가 성적 또는 관련 교내 수상실적 포함), 교외 상, 논문(학회지) 등재나 도서출간, 발명특허 내용, 해외 봉사 활동실적, 부모의 사회·경제적 지위 암시 내용 등은 '행동 특성 및 종합 의견' 란을 포함하여 학교생활기록부의 어떠한 항목에도 기재 불가"

예전에는 전국 연합 모의고사(1년에 2~4차례 교육청 단위로 치르는 수능 모의고사 시험) 성적을 바탕으로 1등급에게 상을 수상하는 학교들이 많았다. 어떤 학교들이었을까? 주로 우수한 학생들이 많이 모여 있어서 내신 성적이 불리하지만 수능은 잘 보는 학생들이 많은 학교였다. 그런데 2014학년도부터는 모의고사 성적과 관련해서 상을 만들 수 없도록 했다.

상 이름과 등급(금상, 은상, 동상), 수상 날짜(학기 구분은 없다), 수여기관(기관장이다. 고등학교는 교내 상만 입력 가능하므로 고등학교장이 된

| 구분 | ❶ 수상명 ❷ 등급(위) 수상연월일 ❸ 수여기관 ❹ 참가대상(참가인원) |
|---|---|
| 교내 상 | |

수상 경력 예시

다), 참가자 수(몇 학년 대상이었는지, 몇 명이 참가했는지) 등을 적는다. 같은 대회로 예선과 본선에 걸쳐 두 번 실시한 대회는 예선을 적지 않고 본선만 적는다.

교내 상은 학생부종합전형에서 학생들의 학업 능력 우수성, 전공 적합성, 인성, 학교생활 충실성 등 거의 모든 요소를 측정할 수 있는 아주 중요한 항목이다. 교내 상이 얼마나 입시에서 중요하게 작용했는지 다음 사례들을 갖고 파악해보자.

**사례 1**

> 독후감 쓰기 대회, 백일장, 영어 에세이 대회 등에서 은상과 동상과 장려상을 수상한 A 학생은 국어와 영어 관련 교과의 성취도가 다른 과목에 비해 높습니다. 이 학생이 학생부종합전형에 원서를 쓸 경우 어떤 학과로 진로를 정하는 게 좋을까요?

이 학생은 인문대학이 가장 유리하다. 국어와 영어 성적이 우수하고 그에 맞춰 교내 상도 갖추어져 있기 때문이다. 이 학생의 경우에서 드러나듯이 교내 상은 관련 교과의 학업 성취도와 비례 관계를 이루는 게 좋다. 만약 내신 성적이 나쁜데 교내 상이 그쪽으로 많이 있다면 입학사정관이 학교와 학생 모두에게 부정적인 인상을 갖기 쉽다. 그러나 좋은 내신을 따기 힘든 학교, 우수한 학생들이 모인 특목고와 자사고에서는 부족한 내신을 교내 상으로 만회할 수 있다. 이 학생이 내신은 안 좋지만 교내 상을 보면 내신으로는 드러나지 않는 무언가가 있겠구나라고 기대를 줄 수 있기 때문이다.

**사례 2**

봉사상, 모범상, 선행상, 표창장(효행 부문) 등 주로 인성 관련 상이 많은 B 학생은 행동 특성 및 종합 의견에서 담임 선생님이 인성 부분에 칭찬을 많이 해주셨고 봉사 활동 시간도 적지 않습니다. 학생부종합전형에서 원서를 쓸 경우, 어떤 학과에 원서를 내는 것이 승산이 높을까요?

이 학생은 간호학과나 사회복지학과에 원서를 쓸 때 가능성이 높다. 그 이유는 이들 학과가 내신 성적 못지않게 학생의 인성, 봉사 정신과 희생 정신 등을 보기 때문이다. 내신이 다소 부족하더라도 교내

상-행동 특성-창의적 체험 활동 중 봉사 활동이 서로 잘 받쳐줄 경우 학생부종합전형에서 의외의 선전을 할 가능성이 높다. 이 학생의 케이스에서도 알 수 있듯이 교내 상은 학생부의 다른 항목과의 조화가 아주 중요하다.



C 학생은 교내 상 중에 교과 우수상과 각 과목 경시대회 우수상이 단연 많습니다. 내신 성적이 아주 우수하지만 학교생활 외에는 특별한 비교과가 없습니다. 이 학생은 학교장 추천으로 서울대 지역균형전형과 고려대 학교장추천전형을 쓰려고 합니다. 합격 확률은 얼마나 될까요?

내신 성적은 아주 우수한데 비교과는 별로인 경우다. 이 학생은 지역균형선발이나 학교장추천처럼 내신을 많이 반영하는 학생부종합전형에 원서를 쓸 경우 합격 확률이 아주 높다. 반면에 비교과를 상대적으로 많이 반영하는 서울대 일반전형과 고려대 융합인재전형에서는 자신보다 못한 내신을 가진 비교과가 우수한 학생에게 밀릴 가능성이 높다. 즉 내신이 좋은 학생 중에 비교과가 부족한 학생들은 교내 상에서 학업 관련 부문 상에 집중해야 내신을 많이 보는 학생부종합전형에 원서를 쓸 때 합격할 확률이 높아진다.

> D 학생은 동아리 발표 대회와 과학 탐구 토론 대회, 교내 소논문 대회 등에서 수상 경력이 많고 창의적 체험 활동 중에서 동아리 활동이 아주 인상적입니다. 하지만 상대적으로 교과 관련 상과 내신 성적은 다른 지원자에 비해 부족한 편이죠. 이 학생은 수시에서 어떤 학교의 어떤 전형을 노려보는 게 좋을까요?

이 학생은 논문도 쓰고 동아리 활동을 열심히 하면서 비교과 활동을 충실히 해와 교내 상에서도 두각을 나타낸 케이스이다. 이런 학생은 중앙대 학생부종합전형의 탐구형이나 한양대 학생부종합전형처럼 내신 성적을 덜 보고 전공 관련 심화 활동을 많이 보는 학교를 선택하는 게 좋다. 학과는 동아리 활동과 탐구 대회에서 자신이 선택한 논문의 주제와 관련성이 높은 과를 선택할수록 합격 확률이 높아질 것이다.

참고로 소논문은 교내 대회일 경우만 학생부에 적을 수 있다. 교외 상 수상은 기재할 수 없고, 개인적으로 쓴 논문 역시 학생부에 적을 수 없다. 교내에서 논문 대회가 있을 경우 수상 경력에서는 수상 여부만 적을 수 있고 구체적인 주제나 내용은 학생부의 자율 활동이나 진로 활동, 세부 능력 및 특기사항 등에 적는 게 일반적이다.

# 자격증 및 인증 취득상황

① 학생이 취득한 자격증의 명칭 또는 종류, 번호 또는 내용, 취득연월일, 발급기관을 입력하며 원본을 대조한 후에 취득한 순서대로 입력한다.

② 제1항에 따라 기재할 수 있는 자격증은 국가기술자격법에 의한 국가기술자격증, 개별 법령에 의한 국가자격증, 자격기본법에 의한 국가공인을 받은 민간자격증 중 기술과 관련 있는 내용으로서 고등학생이 재학 중에 취득한 것으로 한다.

③ 제1항 및 제2항의 내용은 초등학교와 중학교 학교생활기록부인 별지 제1호 내지 제2호 및 제4호 내지 제5호의 '자격증 및 인증

> 취득상황'에는 입력하지 않는다.
>
> ④ 고등학교의 장은 학교교육계획에 의한 국가직무능력표준의 이수
>   상황을 학교생활기록부에 기재할 경우 별지 제3호, 제6호의 서식
>   에 따라 입력한다.

외부에서 발급된 인증서이기 때문에 학교에서는 사본을 갖고 있어야 한다. 학생부종합전형에서 유일하게 학교 바깥에서 성취한 결과를 적을 수 있는 곳이 바로 자격증 및 인증 취득 상황이다. 국가에서 공인한 자격증만 적을 수 있다. 13개 부처에서 공인한 총 62개의 자격증이 학생부에 기재될 수 있다. 그중에 고등학생이 딸 수 있으며 대학입시와 어느 정도 상관이 있는 자격증 목록은 다음과 같다.

| 구분 | ❶명칭 또는 종류 | ❷번호 또는 내용 | ❸취득연월일 | ❹발급기관 |
|---|---|---|---|---|
| 자격증 | | | | |

**자격증 및 인증 취득 예시**

## 기획재정부

| 자격종목 | 등급 | 자격관리자 | 공인유효기간 | 기공인기간 |
|---|---|---|---|---|
| 경제이해력검증<br>시험 (TESAT) | S급,<br>1·2·3급 | 한국경제<br>신문사 | 13.11.10.<br>~16.11.09. | 10.11.10.<br>~13.11.09. |
| 경제경영이해력<br>인증시험<br>매경TEST | 최우수, 우수 | 매일경제<br>신문사 | 13.12.22.<br>~16.12.21. | 10.12.22.<br>~13.12.21. |

주로 경제경영학과에 지원하는 학생들이 관심을 갖는 자격증이다.

## 미래창조과학부

| 자격종목 | 등급 | 자격관리자 | 공인유효기간 | 기공인기간 |
|---|---|---|---|---|
| PC활용능력<br>평가시험 (PCT) | A,B급 | (주)피씨티 | 15.02.17.<br>~19.02.16. | 01.01.12.<br>~15.02.16. |
| 인터넷<br>정보관리사 | 전문가, 1·2급 | (사)한국정보통<br>신진흥협회 | 15.02.17.<br>~19.02.16. | 01.01.12.<br>~15.02.16. |
| 리눅스마스터 | 1·2급 |  | 15.01.15.<br>~19.01.14. | 05.01.15.<br>~15.01.14. |
| 디지털<br>정보활용능력<br>(DIAT) | 초·중·고급 |  | 13.02.17.<br>~17.02.16. | 03.02.17.<br>~13.02.16. |
| 네트워크<br>관리사 | 2급 | (사)한국정보통<br>신자격협회 | 16.01.20.<br>~20.01.19. | 02.01.11.<br>~16.01.19. |

| 자격종목 | 등급 | 자격관리자 | 공인유효기간 | 기공인기간 |
| --- | --- | --- | --- | --- |
| PC정비사 | 1·2급 | | 15.01.15.<br>~19.01.14. | 05.01.15.<br>~15.01.14. |
| 정보기술자격<br>(ITQ)시험 | A·B·C급 | 한국생산성본부 | 16.01.20.<br>~21.01.19. | 02.01.11.<br>~16.01.19. |
| PC Master<br>(정비사) | – | (사)한국정보<br>평가협회 | 16.02.23.<br>~20.02.22. | 06.02.23.<br>~16.02.22. |
| 데이터아키텍처<br>전문가 | | (재)한국데이터<br>베이스진흥원 | 16.01.01.<br>~19.12.31. | 08.01.01.<br>~15.12.31. |
| SQL자격 | 전문가,<br>개발자 | (재)한국데이터<br>베이스진흥원 | 13.01.01.<br>~17.12.31. | – |
| 정보보호전문가<br>(SIS) | 1급 | (사)한국인터넷<br>진흥원 | 공인기간<br>만료 | 05.02.17<br>~14.11.16. |
| | 2급 | | 11.09.30.<br>~16.09.29. | 04.01.20.<br>~11.09.29 |

　주로 공대, 특히 컴퓨터공학과와 IT 관련 학과에 지원한 경우의 학생부에서 발견되는 자격증이다.

**문화체육관광부**

| 자격종목 | 등급 | 자격관리자 | 공인유효기간 | 기공인기간 |
|---|---|---|---|---|
| 한국실용글쓰기 | 검정 1·2·준2·3·준3급 | (사)한국국어능력평가협회 | 15.12.21.~17.12.31. | 07.12.21.~15.12.20. |
| 국어능력인증시험 | 1·2·3·4·5급 | (재)한국언어문화연구원 | 15.10.08.~17.12.31. | 09.10.08.~15.10.07. |
| KBS한국어능력시험 | 1·2+·2−·3+·3−·4+급 | KBS한국방송공사 | 15.01.23.~17.01.22. | 09.01.23.~15.01.22 |

주로 문과와 신문방송학과 지원자들이 관심을 갖고 있는 자격증이다. 이런 자격증이 학생부에는 어떻게 기재될까?

한편 특성화학교 출신은 다음과 같은 자격증을 갖고 있는 경우가 있어서 관련 학과에 원서를 쓸 때 유리하게 작용하기도 한다.

**정보산업고 세무학과 출신으로
경영학과나 IT 관련 학과에 지원하는 경우**

| 자격종목 | 번호 또는 내용 | 취득연월일 | 발급기관 |
|---|---|---|---|
| 컴퓨터활용능력 2급 | 16−K4−010622 | 2016.08.30. | 대한상공회의소 |
| 전산회계운용사 2급 | 16−L2−001357 | 2016.08.21. | 대한상공회의소 |
| 전산회계 2급 | 2214833235 | 2016.05.19. | 한국세무사회 |

**요리 혹은 조리고등학교 출신으로**

**호텔경영학과나 조리학과에 지원하는 경우**

| 자격종목 | 번호 또는 내용 | 취득연월일 | 발급기관 |
|---|---|---|---|
| 한식조리기능사 | 16801130210J | 2017.02.01. | 한국산업인력공단 |
| 제과기능사 | 16401080508H | 2016.12.04. | 한국산업인력공단 |

질문을 한 가지 드린다. 다음 학생 중에서 학생부종합전형에서 높은 평가를 받을 학생은 누구일까?

**사례 5**

이 학생은 학교 내신 중에서 경제 과목은 3등급을 받았지만 TESAT 자격증 공부를 열심히 해 가장 높은 S등급을 받았습니다.

**사례 6**

이 학생은 학교 내신 중에 경제 과목을 열심히 공부해 1등급을 받았습니다. 하지만 TESAT 자격증 공부에는 많은 시간을 투자하지 못해 세 번째 등급인 2등급을 받았습니다.

이 학생은 경제를 좋아하지만 학교에 경제 과목이 개설되어 있지 않아 개인적으로 열심히 공부해 두 번째로 높은 1등급을 받았습니다.

내가 입학사정관이라면 사례 6의 학생을 가장 높게 평가하고, 두 번째가 사례 7의 학생, 꼴찌가 사례 5의 학생이 될 것이다. 교내 상과 자격증은 모두 내신과 연동되어서 평가받는다.

그런데 사례 7의 학생이 혼자 공부하지 않고 학교에서 자율 동아리로 TESAT 공부 동아리를 만들어 친구들과 공부한 결과 성취를 거두었다면 상황이 달라질까? 달라질 수 있다. 동아리를 만드는 과정에서 자기주도성과 적극성을 읽을 수 있고, 친구들과 같이 공부한 사실에서 협업 협력을 평가받을 수 있기에 더 높은 점수를 받을 수 있다. 다만 이런 노력이 내신에서 우수한 1등급의 학생보다 더 인정받느냐 그렇지 않느냐는 학교마다 그리고 입학사정관의 주관마다 조금씩 다를 수 있다.

# 진로 희망사항

학기 중에 진로지도를 실시하여 파악한 학생의 특기 또는 흥미, 학생과 학부모의 진로 희망, 학생의 희망 사유를 입력한다.

상담을 하다 보면 뜻밖의 사실을 발견한다. 학부모들이 의외로 진

| 학년 | ❶ 특기 또는 흥미 | ❷ 진로희망 | | 희망사유 |
|---|---|---|---|---|
| | | 학생 | 학부모 | |
| | | | | |

진로 희망 사항 예시

로 희망 사항에 관심, 아니 걱정이 많다는 사실이다. 1학년 때와 2학년 때, 3학년 때 꿈이 다르다거나, 1학년과 2학년에는 꿈이 동일했는데 3학년에 가서 꿈이 바뀌었는데 어떻게 해야 하느냐 질문해오는 것이다. 이런 질문은 대학 입학처 관계자에게도 단골 질문인 듯하다.

1학년 때 꿈이 의사, 2학년 때 꿈이 의사인데 3학년 때는 생명공학 연구원으로 바뀌었습니다. 불이익이 있나요?

당연히 고등학교 시기에는 꿈이 바뀌는 것이 정상적입니다. 저희는 그것을 특별하게 생각하지 않습니다. 다만 꿈이 왜 바뀌게 되었는지 그 이유를 설득력 있게 제시해주면 좋겠군요.

어떤가? 입학사정관의 말에서 '상관하지 않는다, 다만 진로 희망의 변화를 설득력 있게 제시해줄 경우'라는 단서가 드러난다.

어떻게 하란 말인가요? 꿈이 바뀌는 게 좋다는 건가요? 아니면 초지일관에 일이관지로 가야 좋은 건가요?

내 생각으로는 학생부종합전형에서 꿈이 일관되게 가는 게 서류 평가 상 유리하다. 그럴 수밖에 없다. 누구는 입학사정관 자신이 재직하고 있는 학과에 오기 위해 3년을 준비하고 다른 누구는 1년을 준비했다면 우선 누적된 시간에서 차이가 발생한다. 당연히 오래 길게 준비한 학생이 깊이도 깊을 것이다. 그리고 갑자기 꿈을 바꾸는 계기를 만드는 것이 생각보다 쉽지 않다. 그러기 위해서는 1학년, 2학년 학생부를 통째로 부정해야 하는 경우가 발생할 수도 있고, 그렇지 않더라도 1~2학년 때 준비해온 많은 것을 버려야 한다.

다음 사례를 보자. 몇 년 전 서울대 의대 지역균형선발 면접에서 실제 일어났던 일이다.

자네는 진로 희망 사항에서도 1~2학년 때 모두 수학자였군. 그런데 왜 의대에 원서를 썼나?

자기소개서에도 적혀 있듯이 제가 2학년 2학기 겨울방학 때 몸이 아파 병원에 입원한 적이 있습니다. 의사라는 직업에 대해서 생각해보는 계기가 되었습니다.

그렇다면 자네는 2학년 겨울방학 때 병원에 입원하지 않았다면 결코 의대에 진학하겠다는 꿈을 갖지 않았을 것 같은데 여기에 대해서는 어떻게 생각하나?

네.



학생부 합격의 법칙

결국 이 학생은 서울대 의대에 떨어지고 다른 대학 의대에 합격해 다니고 있다. 실제로 입학사정관들이나 평가에 참여하는 대학교수(교수 사정관 혹은 위촉사정관)들은 학생부에서 진로 희망 사항을 유심히 본다. 본인과 부모의 희망 사항이 다를 경우 누가 누구를 설득했는지 궁금해하는 경우도 많다. 특히 2014학년도(즉 올해 고3이 되는 학생들)부터는 원고지 200자로 이런 진로를 갖게 된 이유를 적기 때문에 더욱더 중요성이 늘어난다고 말할 수 있다. 진로 희망 사항을 먼저 보고 학생부의 다른 항목들을 보면서 전공 적합성을 평가하려는 경향이 있다는 것도 부인할 수 없는 사실이기 때문이다.

진로 희망 사유와 특기는 유기적으로 연동되는 것이 좋다. 미래 희망 직업이 교수라면 특기나 취미는 독서가 되는 것이 좋겠고, 신문방송학과를 희망한다면 NIE나 신문 기사 스크랩, 수의사가 꿈이라면 애완동물 기르기 등을 적는 것이 유리하다. 또 진로 희망 사유는 어떻게 적는 것이 좋을까? 담임선생님이 희망 직업에 대한 진로 선택 동기, 이유, 계기 등에 대해서 상담하고 그 결과를 기초로 입력하는 것을 권하고 있다. 상담은 대면 상담일 경우도 있고 직접 학생더러 써오라고 하는 경우도 있다. 어떻게 쓰는 게 좋은지 그 방법은 4부에서 자세히 다루도록 한다. 이 부에서는 교육부의 정식 가이드라인에 대해서 조금 더 알아보기로 하자.

만약에 뚜렷한 직업을 적을 수 없다면 어떻게 하는 게 좋을까? 그럴 때에는 '현재 진로 희망 없음'으로 적어도 된다. 1학년 때는 그렇게 적고 2학년 때 원하는 직업을 적으면 1년 동안의 탐색기를 거쳐 2학년 때 자신의 적성과 꿈을 발견했다고 판단할 것이다. 그런 내용을 사유로 써주면 대학들도 충분히 이해할 테니 말이다. 진로 희망 사항에서 적은 희망 직업이나 진로에 대한 구체적인 활동은 다음 파트인 창의적 체험 활동의 진로 활동에서 조금 더 구체적으로 써주는 게 좋다. 대학은 학생들의 학생부에서 진로 희망 사항을 본 다음 창체의 진로 활동을 볼 가능성이 크기 때문이다. 인접한 항목끼리 보면서 평가의 효율성을 높이기 위해서다. 또 같은 직업을 세 번 연달아 적는 것보다는 1학년 때 의사, 2학년 때 내과 의사, 3학년 때 감염내과 의사처럼 깊이 있게, 학생이 해가 갈수록 전공과 꿈에 대해서 구체적으로 알게 되었다는 변화 과정을 서술해주는 것이 좋다.

  학생부 합격의 법칙

# 창의적 체험 활동

① 창의적 체험 활동의 4개 영역별 활동내용, 평가방법 및 기준은 교육과정을 근거로 학교별로 정하며, 자율 활동, 동아리 활동, 봉사 활동, 진로 활동의 영역별 이수시간 및 특기사항(활동실적이 우수하거나 개별적 특성이 드러나는 사항 등)을 입력하되, 초등학교 '자율 활동', '동아리 활동', '봉사 활동' 3개 영역의 특기사항은 통합하여 종합적으로 기록하고, 초등학교 '진로 활동' 영역의 특기사항은 별도로 구분하여 기록한다.

② 제1항의 봉사 활동 영역의 실적은 학교계획에 의한 봉사 활동과 학생 개인계획에 의한 봉사 활동의 구체적인 내용을 별도의 '봉사

활동 실적'란에 연간 실시한 봉사 활동의 일자 또는 기간, 장소 또는 주관기관명, 활동 내용, 시간을 실시일자 순으로 모두 입력하며, 체계적이고 지속적인 봉사 활동 등 특기할 만한 사항이 있는 경우 봉사 활동 특기사항란에 자세히 입력한다.

③ 제1항의 규정에 의한 영역별 누가 기록은 공정성, 객관성, 투명성, 신뢰도, 타당도 등이 확보되도록 서식을 개발하여 활용하되, 전산 입력하여 관리함을 원칙으로 한다.

④ 제1항의 '진로 활동' 특기사항에는 활동실적이 우수한 사항과 각종 진로검사 및 진로상담결과, 관심 분야 및 진로희망과 관련된 학생의 활동내용 등 학생의 진로 특성이 드러나는 사항을 담임교사가 입력한다.

⑤ 제1항의 동아리 활동 중 학교스포츠클럽활동의 실적은 활동 인정 기간 동안 학교장이 승인한 학교스포츠클럽활동의 구체적인 활동 내용으로 '동아리 활동' 란에 클럽명, 활동시간, 팀에서의 역할, 포지션, 대회출전경력 등을 입력하되, 활동시간은 동아리 활동 이수 시간에 합산한다.

⑥ 제1항의 동아리 활동 중 청소년단체활동의 실적은 학교교육계획에 의한 청소년단체활동과 학교장의 승인을 받은 학교교육계획 이외의 청소년단체활동으로 구분하여 '동아리 활동' 란의 특기사

이제 학생부에서 가장 많은 부분을 차지하고 있는 창의적 체험 활동, 이른바 비교과의 꽃이라고 불리는 창체에 대해서 알아보도록 하자. 창체는 자율 활동 - 동아리 활동 - 봉사 활동 - 진로 활동으로 구성되어 있다. 자율 활동은 자율적으로 학교에서 하는 활동, 학급회의, 축제 등을 의미하는데 학급이나 학교 구성원의 자발적이고 자율적인 참여를 중시하는 활동이다. 동아리 활동은 학생들의 공통의 관심사와 동일한 취미, 특기, 재능 등을 지닌 학생들이 함께 모여서 자발적인 참여와 운영으로 자신들의 능력을 창의적으로 표출해내는 것을 주 활동으로 하는 집단 활동이다. 대학에서는 동아리 활동을 특히 중시한다. 봉사 활동은 주로 학교 바깥에서 하는 남을 돕는 활동이고, 진로 활동은 자신의 꿈과 적성을 찾기 위해 기울이는 학교 차원과 개인 차원의 노력이다. 자세한 것은 앞 페이지의 표를 참조하기 바란다.

보면 알겠지만 학교생활 중 독서를 제외한 거의 모든 것이 창의적 체험 활동이라고 해도 과언이 아니다. 학생부에는 각각의 영역과 이수 시간 그리고 특기할 만한 내용을 적는다. 자율 활동의 경우에는 활동 결과에 대한 평가보다는 활동 과정에서 드러나는 개별적인 행동 특성, 참여도, 협력도, 활동 실적 등을 평가하고 상담기록 등의 관련

| 학년 | ❶ 창의적 체험 활동 상황 | | |
|---|---|---|---|
| | 영역 | ❷ 시간 | ❸ 특기사항 |
| | 자율 활동 | | |
| | 동아리 활동 | | |
| | 봉사 활동 | | |
| | 진로 활동 | | |

| 학년 | 봉사 활동 실적 | | | | |
|---|---|---|---|---|---|
| | 일자 또는 기간 | 장소 또는 주관기관명 | 활동내용 | 시간 | 누계시간 |
| | | | | | |

창의적 체험 활동 예시

자료를 참고하여 구체적으로 입력한다고 되어 있다. 결과보다는 과정, 어떤 활동에서 어떤 역할을 했는지 구체적인 팩트 위주로 기록해 달라는 요구이다.

동아리 활동은 자기 평가, 학생상호 평가, 교사 관찰, 포트폴리오 등의 방법으로 평가하여 참여도, 협력도, 열성도, 특별한 활동 실적 등을 구체적으로 입력한다고 되어 있다. 키워드는 참여, 협력, 열정, 실적인 셈이다. 학교 선생님의 평가뿐 아니라 본인 스스로 어떤 평가를 내리는지와 다른 친구들에게서도 어떤 평가를 받는지 적어주는 게 평가자 입장에서 좋다. 학교마다 공식 동아리 외에 여러 개의 동아리 활동을 적을 수 있다. 요즘에는 자율 동아리라고 학생들이 자신의 전공과 관련된, 더 심층적인 활동을 스스로 설계해서 수행하는 경우가 늘고 있다. 자율 동아리는 학기 초에 일정 인원의 학생들이 모여 지도교사를 선정하고 그 선생님에게 부탁을 드려 결성할 수 있다. 참고로 학생부에서 대부분의 항목은 담임선생님이 써주지만 동아리 활동은 동아리 담당 선생님이 써준다. 자율 동아리 구성 절차는 학교마다 다르지만 일반적으로는 다음과 같다.

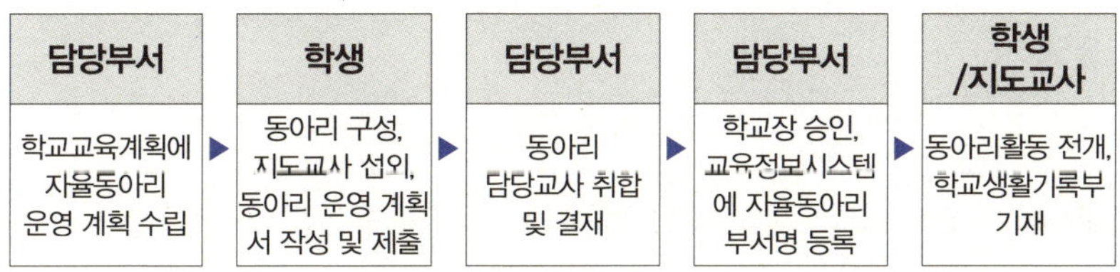


**자율 동아리 구성 절차**

봉사 활동 영역의 특기사항은 체계적이고 지속적인 봉사 활동 등 특기할 만한 사항이 있는 학생에 한하여 활동 내용 등 구체적인 사항을 입력하되, 구체적인 범위는 학교장이 정한다고 되어 있다. 교육부는 "※ ○○일을 하는 데 열심히 노력함." 등의 입력은 적절하지 않고 다음과 같이 구체적으로 적으라고 가이드라인을 제시하고 있다.

바람직한 작성 예시 : 월 1회 정기적으로 부모님과 아동양육시설인 ○○원에 방문하여 실내 청소, 배식, 설거지 등의 봉사 활동에 꾸준히 참여하는 등 이웃에 관심을 가지고 도와주고 있음.

　봉사 활동 시간은 실적표에 따로 적기 때문에 특기사항에 적지는 않는다. 봉사 활동 시간은 하루에 8시간을 넘을 수 없으며 다른 활동과 중복되지 않도록 조심해야 한다. 대학들이 창의적 체험 활동에 적힌 다른 활동과 비교해서 중복되는 시간이 있는지 과장이 있는지 등을 체크하기 때문이다.

　진로 활동은 무엇을 써야 하는지 구체적으로 적시되어 있다. 다음을 보자.

- 특기·진로 희망과 관련된 학생의 자질, 학생이 수행한 노력과 활동
- 학생의 특기·진로를 돕기 위해 학교와 학생이 수행한 활동과 결과
- 학생·학부모와 진로 상담을 한 결과
- 학생의 활동 참여도, 활동 의욕, 태도의 변화 등 진로 활동과 관련된 사항
- 학급 담임교사, 상담교사, 교과담당 교사, 진로 전담교사의 상담 및 권고 내용

　즉 진로와 관련된 상담과 학생이 수행한 노력과 결과물을 적을 수 있다. 진로와 관련해서는 어쩔 수 없이 학교 바깥에서 활동이 포함될 수밖에 없다. 그 범위는 어디까지일까?

　　　　　　　　　　　　　　　학생부 합격의 법칙

- 학교교육계획 이외의 체험 활동은 교육 관련기관(교육부 및 직속기관, 시·도교육청 및 직속기관, 교육지원청 및 소속기관)에서 주최하고 주관한 행사, 청소년 단체 활동, 학교 스포츠클럽 활동, 봉사 활동 등만 학교장이 승인한 경우에 한해 기재 가능

대학에서 하는 캠프나 대회 등은 어떻게 할까? 대학 이름은 적을 수 없다. 그러나 이런 식으로 우회적으로 적을 수는 있다.

'데이터마이닝에 관심이 많아 모 대학에서 주최하는 관련 캠프에 참여하여 빅 데이터의 원리와 적용 분야에 대해서 공부함'

비교과의 꽃을 다뤘으니 이번에는 교과의 꽃을 다뤄보도록 하자.

| 영역 | | 세부활동 내용 |
| --- | --- | --- |
| 자율 활동 | 적응 활동 | 입학, 진급, 전학, 기본생활습관 형성,<br>축하, 친목, 사제동행, 학습·<br>건강·성격·교우 등의 상담활동 등 |
| | 자치 활동 | 학급회, 학생회 협의활동, 모의 의회, 토론회, 자치법정 등 |
| | 행사 활동 | 시업식, 입학식, 졸업식, 종업식, 전시회, 발표회, 학예회,<br>경연대회, 학생건강체력평가, 체육대회, 수련활동, 현장학습,<br>수학여행, 문화 답사, 국토순례 등 |
| | 창의적 특색 활동 | 학생·학급·학년·학교·지역특색활동,<br>학교전통수립·계승활동 등 |
| 동아리 활동 | 학술 활동 | 외국어회화, 과학탐구, 사회조사, 컴퓨터, 인터넷, 신문활용,<br>발명, 다문화탐구 등 |
| | 문화예술 활동 | 문예, 창작, 회화, 조각, 서예, 전통예술, 현대예술, 성악, 기악,<br>뮤지컬, 오페라, 연극, 영화, 방송 등 |
| | 스포츠 활동 | 구기, 육상, 수영, 체조, 배드민턴, 인라인스케이트, 하이킹, 야영,<br>민속놀이, 씨름, 태권도, 택견, 무술 등 |
| | 실습노작 활동 | 요리, 수예, 꽃꽂이, 조경, 사육, 재배, 설계, 목공, 로봇제작 등 |
| | 청소년 단체 활동 | 스카우트연맹, 걸스카우트연맹, 청소년연맹, 청소년적십자,<br>우주 소년단, 해양소년단 등 |
| | 학교스포츠클럽 활동 | 정규교육과정 내에서 이루어지는 중학교<br>'학교스포츠클럽 활동'과 정규교육과정 이외의<br>학교스포츠클럽 활동(방과후 학교스포츠클럽 등) |
| | 또래 조력 활동 | 또래 상담, 또래 중재(조정, 중조) |
| 봉사 활동 | 교내 봉사 활동 | 학습부진 친구, 장애인, 병약자, 다문화가정 학생 돕기 등 |
| | 지역 사회 봉사 활동 | 복지시설, 공공시설, 병원, 농·어촌 등에서의 일손 돕기,<br>불우이웃 돕기, 고아원, 양로원, 군부대에서의 위문 활동,<br>재해 구호, 국제협력과 난민 구호 등 |
| | 자연환경 보호 활동 | 깨끗한 환경 만들기, 자연 보호, 식목 활동,<br>저탄소 생활 습관화, 공공시설물, 문화재 보호 등 |
| | 캠페인 활동 | 공공질서, 교통안전, 학교 주변 정화, 환경 보전,<br>헌혈, 각종 편견극복 등 |
| 진로 활동 | 자기이해 활동 | 자기 이해 및 심성 계발, 자기 정체성 탐구,<br>가치관 확립 활동, 각종 진로 검사 등 |
| | 진로정보탐색 활동 | 학업 정보 탐색, 입시 정보 탐색, 학교 정보 탐색, 학교 방문,<br>직업 정보 탐색, 자격 및 면허 제도 탐색,<br>직장 방문, 직업 훈련, 취업 등 |
| | 진로계획 활동 | 학업 및 직업에 대한 진로 설계, 진로 지도 및 상담 활동 등 |
| | 진로체험 활동 | 학업 및 직업 세계의 이해, 직업 체험 활동 등 |

# 교과 학습 발달 상황

① 교과 학습 발달 상황의 평가는 별지 제9호 '교과학습발달상황 평가 및 관리'에 의거 시행한다.

② 초등학교의 교과 학습 발달 상황은 각 과목별 성취기준에 따른 성취수준의 특성 등을 '세부 능력 및 특기사항'란에 과목별로 간략하게 문장으로 입력하고, 방과후학교 수강내용(강좌명, 이수 시간 등)을 입력할 수 있다.

③ 중학교는 제1항의 규정에 의하여 시행한 평가에 따라 '교과', '과목', '성취도(수강자수)', '원점수/과목평균(표준편차)'을 산출하여 각 학기 말에 입력한다. 다만, 체육 · 예술(음악/미술) 교과(군)의 과

목은 '교과', '과목', '성취도'를 입력하고 '특기사항'란에는 특기할 만한 사항이 있는 과목 및 학생에 한하여 각 과목별 성취기준에 따른 성취수준의 특성, 실기능력, 교과적성, 학습활동 참여도 및 태도 등을 간략하게 문장으로 입력한다.

④ 고등학교는 제1항의 규정에 의하여 시행한 평가에 따라 '교과', '과목', '단위수', '원점수/과목평균(표준편차)', '성취도(수강자수)', '석차등급'을 산출하여 각 학기 말에 입력한다. 다만, 전문교과 중 농생명 산업 교과, 공업 교과, 상업 정보 교과, 수산·해운 교과, 가사·실업 교과는 '교과', '과목', '단위수', '원점수/과목평균(표준편차)', '성취도(수강자수)'를 입력하고, 보통교과의 체육·예술 (음악/미술) 교과(군)의 과목은 '교과', '과목', '단위수', '성취도'를 입력하며, '특기사항'란에는 특기할 만한 사항이 있는 과목 및 학생에 한하여 각 과목별 성취기준에 따른 성취수준의 특성, 실기능력, 교과적성, 학습활동 참여도 및 태도, 직무능력 등을 간략하게 문장으로 입력한다.

⑤ 중·고등학교의 '비고'란에는 학교 간 통합 선택교과 이수, 학적변동으로 인한 이수과목 상이 등 교육과정 운영에 따른 특기사항에 관한 내용을 간략하게 입력한다.

⑥ 중·고등학교의 '세부 능력 및 특기사항'란에는 과목별 성취기준

에 따른 성취수준의 특성 등을 특기할 만한 사항이 있는 과목 및 학생에 한하여 간략하게 문장으로 입력하고, 방과후학교 수강내용(강좌명, 이수시간 등)을 입력할 수 있다. 다만, 2015 개정 교육과정의 전문 교과Ⅱ 중 국가직무능력표준으로 구성된 실무과목으로 대체되는 전문교과 과목은 능력 단위별로 특기할 만한 사항이 있는 경우 학습활동 참여도 및 태도 등을 간략하게 문장으로 입력한다.

⑦ 고등학교의 보통교과 중 교양교과는 과목명 및 이수단위를 입력하고 '성취도'란과 '석차등급'란에는 'P'를 각각 입력한다. 또한, 중학교에서도 고등학교 교양교과(환경과 녹색성장, 보건, 진로와 직업 등) 성격의 과목을 선택하여 이수한 경우 과목명 및 이수시간을 입력하고 이수 여부에 'P'를 입력한다.

⑧ 고등학교의 기초교과 중 기본과목(기초수학, 기초영어)은 '성취도'란과 '석차등급'란에는 'P(수강자수)'와 'P'를 각각 입력한다.

⑨ 보통교과【기초교과 중 기본과목, 체육·예술(음악/미술)·교양교과(군)의 과목 제외】의 과목 수강자수가 13명 이하인 경우 '교과', '과목', '단위수', '원점수/과목평균(표준편차)', '성취도(수강자수)'를 입력하고, '석차등급'란에는 '석차등급'이나 '·'을 입력한다. 다만, 수강자 수가 13명 이하인 과목이 2과목 이상인 경우에 '석차

등급'란에 '석차등급' 또는 '·' 표기 중 한 가지 방법으로 동일하게 입력한다.

교과 학습 발달 상황은 학생부교과전형에서는 전부라고 할 수 있고 학생부종합전형에서도 가장 중요한 항목이다. 그러나 숫자로 기록되는 교과 성취도, 즉 내신은 학부모와 학생이 자세히 알 필요가 없다. 입학사정관이 내신을 어떻게 평가하는지 그 방법 정도만 알면 된다. 그래서 주로 세부 능력 및 특기사항에 대해서 설명하기로 한다. 우선 어떻게 생겼는지 구경해보자.

이 중에서 고등학교 학부모들은 ④번과 ⑥번을 관심 있게 지켜보면 된다. 두 가지만 기억하자. 일반고는 성취도에 석차 등급까지, 특성화고는 전문 교과는 성취도만 반영된다는 것이다. 1등급부터 9등급까지 나뉘는 석차 등급, A부터 E까지 나뉘는 성취도가 현재는 일반고 모든 교과(음악, 미술, 체육 제외), 특성화고 전문 교과를 제외한 나머지 교과에 적용된다. 대학은 등급도 보고 성취도도 볼 수 있다. 그러나 실제 대입에서는 성취도가 중요한 게 아니라 등급이 중요하다. 다음 페이지에 있는 표는 학교 성적을 상대평가 방식(등급), 절대평가 방식(성취평가제)로 나눴을 때 어떻게 달라지는지를 한눈에 정리한 것이다.

1등급이 많으면 많을수록 좋다. 하지만 2등급, 3등급도 때로는 1등

| ❶ 교과 | 과목 | 1학기 | | | | 2학기 | | | | 비고 |
|---|---|---|---|---|---|---|---|---|---|---|
| | | 단위수 | 원점수/과목평균(표준 편차) | 성취도(수강자수) | 석차등급 | 단위수 | 원점수/과목평균(표준 편차) | 성취도(수강자수) | 석차등급 | |
| | | | | | | | | | | |
| 이수단위 합계 | | | | | | | | | | |

| ❷ 과목 | 세부 능력 및 특기사항 |
|---|---|
| | |

체육−예술(음악/미술)

| ❸ 교과 | 과목 | 1학기 | | 2학기 | | 비고 |
|---|---|---|---|---|---|---|
| | | 단위수 | 성취도 | 단위수 | 성취도 | |
| | | | | | | |
| 이수단위 합계 | | | | | | |

| ❹ 과목 | 특기사항 |
|---|---|
| | |

교과 학습 발달 상황 예시

급 이상으로 평가받기도 한다. 그것은 바로 수강자 수가 적은 과목이다. 예를 들어 이과 학생들이 선택하는 물리 2는 한 학교의 선택자 수가 30명 이하인 경우도 있다. 그럴 때는 1명 외에는 1등급(전체 4%)을 받지 못한다. 2등일 때는 2등급을 받게 된다. 두 명이 만점을 받아서 공동 1등일 때는 1.5등으로 계산되기 때문에 역시 2등급을 받는다. 그런 과목에서 2등급을 받았을 때는 1등급 못지않은 평가를 받는다.

또 등수는 기록되지 않지만 평균과 표준편차를 이용하면 1등급 중에서 상위 1% 1등급인지 4% 1등급인지도 구분할 수 있다. 독보적인 1등 1등급을 이왕이면 주요 과목에서, 이왕이면 전공 관련 교과에서 얻었을 때 전체적인 내신 평균보다 더 높은 평가를 받을 수 있다. 그리고 거의 모든 대학은 학생부종합전형에서 1학년 1학기보다 2학기, 1학년보다 2학년, 2학년보다 3학년 하는 식으로 성적이 해가 갈수록 올라가는 학생을 선호한다. 단, 교대는 모든 학기 모든 교과를 비슷하게 본다. 이 정도만 기억하고 열심히 공부하게끔 환경을 만들어주면 된다.

오히려 학부모가 더 신경을 써야 할 항목은 특기사항이다. 과목별로 담당 선생님이 써주는 항목이다. 그리고 방과후학교나 학교에서 방학 동안에 개설하는 교과목의 수강 기록도 포함되기에 아주 중요하다. 세부 능력 및 특기사항은 4부에서 과목별로 잘된 사례와 그렇지 않은 사례를 보여주면서 충분히 설명할 예정이다. 학생부종합전형에서 내신은 교과 성적만 뜻하는 게 아니라 선생님들의 평가가 더 중요해지는 추세이다. 특목고, 자사고, 강남권 학교 등이 학생부종합전형에 강한 이유는 이 세부 능력 및 특기사항에서 다른 일반고들의 경쟁력을 압도하고 있기 때문이다. 일단 지금은 교육부 가이드라인 정도만 살펴본다. 이렇게 적는 것이 일반적이다. 수업 시간에 무엇을 했

| 성취율 | 성취도 |
| --- | --- |
| 90% 이상 | A |
| 80% 이상 ~ 90% 미만 | B |
| 70% 이상 ~ 80% 미만 | C |
| 60% 이상 ~ 70% 미만 | D |
| 60% 미만 | E |

| 석차등급 | 석차누적비율 |
| --- | --- |
| 1등급 | ~ 4% 이하 |
| 2등급 | 4% 초과 ~ 11% 이하 |
| 3등급 | 11% 초과 ~ 23% 이하 |
| 4등급 | 23% 초과 ~ 40% 이하 |
| 5등급 | 40% 초과 ~ 60% 이하 |
| 6등급 | 60% 초과 ~ 77% 이하 |
| 7등급 | 77% 초과 ~ 89% 이하 |
| 8등급 | 89% 초과 ~ 96% 이하 |
| 9등급 | 96% 초과 ~ 100% 이하 |

고 무엇을 잘했는지 써주는 게 가장 중요하다는 것을 알 수 있다. 수행 평가란 관련된 기술을 통해 과제 수행 능력을 보여주는 경우도 많이 있다.

(1학년 1학기) 국어 : 읽기 목적에 따라 적절한 읽기 전략을 수립하여 글의 내용을 이해하고 글의 내용을 재구성하여 요약하는 읽기 능력과 글을 쓰는 목적에 맞게 정보를 수집하고 재구성하여… (생략)



(1학년 1학기) 사회 : 자료를 조직적으로 분석하는 능력이 뛰어나며 이를 통하여 '인권과 관련한 사회적 쟁점 조사하기' 수행평가에서 사형제도 존폐 논쟁에 대한 찬성과 반대의 입장을 고르게 자료 수집을 하였고 다른 나라의 사례들도 구조적으로 정리를 잘함. (생략)

**10**

# 독서 활동

이제 독서 활동 상황인데, 이 항목은 갈수록 중요도가 높아지고 있다. 특히 서울대 입시에서는 당락을 가를 정도로 매우 중요하다.

---

① 중·고등학교의 개인별 교과별 독서 활동상황은 독서 활동에 특기할 만한 사항이 있는 학생을 대상으로 학기 말에 입력한다.

② 독서 분야 및 읽은 책, 독서 성향 등 특이사항을 사실 위주로 교과 담당 교사가 입력하는 것을 원칙으로 하되, 담임교사도 입력할 수 있다.

---

| 학년 | ❶ 과목 또는 영역 | ❷ 독서 활동 상황 |
| --- | --- | --- |
|  |  |  |

**독서 활동 예시**

두 가지를 기억해야 한다. 과목별로 담당 교과 선생님이 적어줄 수 있고 특정 교과에 해당하지 않는 책들은 공통으로 담임선생님이 적어줄 수도 있다. 그리고 1학기 말과 2학기 말 두 번에 걸쳐 입력해야 한다. 학생부 독서 활동은 위와 같이 생겼다.

독서 활동은 과목별로 500자, 공통 1,000자로 동아리 활동 500자에 비해 압도적으로 많다. 잘 활용하면 전공 적합성, 학업 적성, 지적 호기심, 교양, 인성, 가치관 등 거의 모든 요소를 만족시킬 수 있다. 어떤 형식이 있는 것은 아니지만 일단 많은 학교에서 책을 읽었다는 증거 자료로 독서기록장, 독서 포트폴리오, 독서교육종합지원시스템의 증빙자료 중에 하나를 원한다.

특목고, 자사고에서는 독서 활동에 올리기 위한 독후 기록장이 있다. 서울대에 가장 많은 학생을 보내는 학교로 유명한 대원외고는 체계적으로 독서 활동 상황을 관리하는 대표적인 학교다. 1,000자 포트폴리오라고 해서 자신이 읽은 책을 읽게 된 계기, 책에 대한 평가, 자신에게 준 영향을 중심으로 1,000자 내외로 기술하도록 한다. 일반고에서는 그 정도까지는 아니지만 관심 분야가 어디에 있는지, 독서 성



학생부 합격의 법칙

향이 어떤지 중점적으로 써준다.

대학들은 독서 활동 상황을 어떤 기준으로 평가할까?

1. 학생 스스로 생겨난 지적 호기심을 독서로 충족시킨 것인가, 아니면 수동적으로 시켜서 읽었는가?
2. 책을 읽고 나서 생각을 통해 사고를 심화하고 교과서에서 배운 지식과 연결하려고 노력했는가?
3. 전공 관련 서적은 몇 권이 기록되어 있는가?
4. 인문계열 학생이 자연계열 도서를, 자연계열 학생이 인문 계열 관련 도서를 다양하게 읽었는가?
5. 책을 읽고서 추가로 다른 책을 찾아 읽었거나 다른 활동을 하였는가?

즉 지적 호기심과 자기주도성, 사고력, 전공 관련 서적의 권수, 다양한 책들을 통해 간접 경험, 이른바 경험 다양성을 얼마나 충족시켰는가, 읽고 나서 변화가 있었는가를 본다고 할 수 있다. 특히 전공 관련 서적을 몇 권 읽었는지는 정량평가적 요소로 들어가기도 한다.

많은 사람이 적당한 권수를 물어보는데, 서울대에 지원하는 학생은 보통 한 학기에 10~15권 정도의 책들이 학생부 독서 활동 상황에 올라가 있다. 전공 서적과 비전공 서적의 비율은 3 대 7이 좋은데 학년이 올라갈수록 전공 관련 도서의 비율이 늘어나는 게 좋다. 내신이 부족할수록 전공 관련 도서를 많이 읽어서 보완하는 것이 필요하다. 4부

에서 과목별로 좋은 사례와 나쁜 사례를 보여드릴 예정이다. 교육부
는 어떤 가이드라인을 제시하고 있는지 알아보자.

국어 I (1학기) 『교실 밖 국어여행』(강혜원, 박영신, 서계현), 『국어 교육
을 위한 국어 문법론』(이관규)'을 읽고 학교 수업에서 배운 국어 지식을
더욱 확장시킴. 또한 『국어생활백서』(김홍석)'를 읽고 자신의 잘못된 국
어 지식을 바로잡음.

학교 수업에서 배운 것을 확장시키고, 읽고 나서 무엇을 했는지 변
화를 쓰도록 유도하고 있다.

# 행동특성및종합의견

> ① 행동 특성 및 종합 의견은 수시로 관찰하여 누가 기록된 행동 특성을 바탕으로 총체적으로 학생을 이해할 수 있는 종합 의견을 문장으로 입력한다.
>
> ② 행동 특성 중 학교폭력과 관련된 사항은 「학교폭력예방 및 대책에 관한 법률」 제17조에 규정된 가해학생에 대한 조치사항을 입력한다.

이제 학생부종합전형에서 가장 중요한 행동 특성 및 종합 의견에 대해서 알아보자. 학생부의 10가지 항목 중에서 유일하게 2학년까지만 반영되는 것이 이 항목이다. 말하자면 한 학생에 대한 종합적 평가

| 학년 | 행동 특성 및 종합 의견 |
| --- | --- |
|  |  |

**행동 특성 및 종합 의견 예시**

이다. 인성부터 학업 능력에 이르기까지 특히 추천서를 고3 담임선생님이 써주기에 대부분의 대학에서는 고1~고2 때 담임선생님은 이 학생을 어떻게 평가할까 궁금해할 수밖에 없다. 그래서 행동 특성, 줄여서 행특을 아주 중요하게 본다. 행특은 학생부의 마지막 장이지만 입학사정관들은 대개 평가 초기에 꼼꼼히 읽는다. 이 항목을 읽으면 이 학생의 학생부와 자기소개서를 대충 봐야 할지 정성들여 봐야 할지를 결정할 수 있기 때문이다. 그만큼 중요하다. 총체적으로 이해할 수 있다는 게 바로 행동 특성 및 종합 의견의 매력이다.

보통 잠재력, 인성, 인지적 특성, 자기주도적 학습 능력, 창의성, 예체능 활동 등으로 소제목을 정하고 메모 식으로 쓰는 경향이 있다. 특히 인성 부분이 중요한데, 교육부는 학교별로 정한 핵심 가치, 덕목, 역량 등의 변화되는 모습을 기재해 달라고 주문하고 있다. 좋은 사례와 나쁜 사례의 비교를 통해 흠결 없고 매력 넘치는 학생으로 보이는 방법은 4부에서 자세하게 다루기로 하고, 3부에서는 교육부의 가이드라인을 분석해보자.

유쾌하고 활동적이며 에너지가 넘치는 학생으로 다른 사람과의 대화에서 순발력과 재치가 있으며 평범한 것보다는 독특한 것을 선호함. 관심 있는 분야에 적극적으로 매진하는 집중력과 열정이 있으나 학업에 열의가 부족한 편임. 영리하고 이해력이 뛰어난 학생이기 때문에 조금 더 스스로를 절제하고 세심한 면을 키운다면 학업과 생활태도의 면에서 발전이 있을 것으로 기대함. 학급 및 학교 행사에서 적극적으로 자신의 의견을 제시하며, 타인의 의견도 존중함으로써 자율적인 학급 풍토 조성에 기여하는 학생으로 창의적으로 문제를 해결하려는 모습이 돋보임. 배드민턴 동아리 활동을 적극적으로 하는 학생으로 점심시간 배드민턴 경기를 주도하여 급우들의 체력 증진에 기여함.

전반적으로 장점 위주로 쓰도록 권하고 있지만 "조금 더 스스로 절제해야 한다" 하는 식으로 단점도 언급하면서 균형 잡힌 평가를 내리도록 유도하고 있다고 느껴지는가? 물론 대학에서는 이런 기술이 천편일률적이고 구체적이지 못하다고 지적할 수 있다. 그런 지적에 어떻게 대처할지는 4부에서 다루도록 하자.

# 지금까지 무엇이 중요했고
# 앞으로 무엇이 중요해질까?

이 책에서 가장 중요한 4부로 넘어가기 전에 잠깐 짬을 내서 한번 생각해볼 문제가 있다. 다음 페이지의 위쪽 표는 학생부 항목에 대해 입학사정관들이 5점 만점을 기준으로 점수를 부여한 표이다. 평가자의 생각을 엿볼 수 있는 아주 귀중한 자료다.

여러분이 지금까지 학생부종합전형에 대해 공부한 지식을 가지고 대학교의 입학사정관이라고 생각하고 순위를 한번 매겨보자. 예를 들면 진로 활동에 1위, 독서 활동에 2위 하는 식으로 말이다.

| 항목 | 입학사정관 |
|---|---|
| 학적사항 | |
| 출결사항 | |
| 교내상 | |
| 인증 | |
| 진로희망 | |
| 자율활동 | |
| 동아리활동 | |
| 봉사활동 | |
| 독서활동 | |
| 진로활동 | |
| 종합의견 | |

**학생부 영역별 평가 순위**

점수 매기는 작업을 마쳤으면 아래 표를 보자.

| 항목 | 입학사정관 | 진학 지도 교사 |
|---|---|---|
| 학적사항 | 3.4 | 2.04 |
| 출결상황 | 4.08 | 2.96 |
| 교내상 | 3.88 | 3.67 |
| 인증 | 3.09 | 2.98 |
| 진로희망 | 3.59 | 3.18 |
| 자율활동 | 3.79 | 3.2 |
| 동아리활동 | 4.25 | 3.66 |
| 봉사활동 | 3.58 | 3.53 |
| 독서활동 | 3.92 | 3.44 |
| 진로활동 | 3.85 | 3.51 |
| 종합의견 | 4.46 | 3.87 |

**학생부 영역별 평가 순위**

어떤가? 몇 개나 맞혔는가? 참고로 입학사정관들의 실제 점수 옆에 고등학교 3학년 담임선생님들의 예상 점수를 같이 공개한다. 진학 지도 선생님들은 이렇게 평가하기를 바란다는 기대치를 적은 것이고, 입학사정관들은 실제로 이렇게 평가한다고 그 비중을 상대화해서 점수화한 것이다.

전반적으로 입학사정관들의 점수가 높고 진학 지도 선생님들의 점수가 박한 편이라서 큰 의미는 없지만, 중요한 것이 있다. 바로 항목 간의 서열과 순위다. 입학사정관들은 종합 의견과 동아리 활동, 출결을 중요하게 평가하고, 고등학교 선생님들은 종합 의견과 교내 상을 1~2위로 꼽는다. 선생님들은 자신들의 권위가 반영되거나 학교의 공식적인 행사에 가까울수록 높은 점수를 주는 경향이 있다. 반면 입학사정관 순위에서 3위가 출결이라는 사실은 입학사정관들이 그 학생의 성실성을 우선적으로 평가한다는 이야기다.

가장 큰 차이는 독서 활동과 봉사 활동이다. 봉사 활동은 입학사정관들은 네 번째로 높게 평가하고 학교 선생님들은 밑에서 여섯 번째로 중요도를 낮게 친다. 반면 독서 활동은 입학사정관들은 밑에서 세 번째인데, 학교 선생님들은 위에서 네 번째로 비중이 높게 평가받아야 한다고 생각한다. 그만큼 공교육 현장에서는 독서가 중요하고 대학입시에서 더 많이 반영되어야 한다고 여기는 것이다.


학생부종합전형은 학교에서 학생들의 선발권을 고등학교에 돌려준

　　　　　　　　　　　　　　　학생부 합격의 법칙

다는 말이 과장이 아닐 정도로 고등학교, 특히 담임선생님의 역할이 큰 제도이다. 이 정도면 앞으로 학생부종합전형에서 독서 활동의 반영 비중이 커질 거라고 예상할 만하다.

지금까지 학생부의 공식적인 얼굴을 만나보았다. 그러면 학생부종합전형 합격률 99%를 보장하는 학생부를 같이 만들어보자. 무엇을 쓰고 무엇을 피할 것인가? 학부모와 학생의 입장에서 어떻게 해야 학생부종합전형에서 합격을 부르는 학생부를 작성할 수 있는지 실전 연습에 들어가도록 하자.

항목별로 좋은 사례와 나쁜 사례를 보여드리고
선생님의 입장과 학부모 학생의 입장에서 사례를 통해 무엇을 배우고
어떻게 자녀와 제자들에게 활용해야 할지 팁을 가이드 형식으로 알려드린다.
나쁜 사례의 경우에는 어떻게 수정해야 하는지
평가자의 입장에서 첨삭도 해드린다.

# 4부

# 학생부 작성
# 실전 가이드

# 교육부에서 권하는 방침

드디어 이 책에서 가장 중요한 4부다. 틀림없이 여러분 자녀를 학생부 종합전형에서 원하는 대학 원하는 학과로 이끌어주는 아리아드네의 실이 되어 길잡이 역할을 톡톡히 할 것이다.

먼저 교육부에서 권하는 방침을 알아보자. 교육부가 일선 학교에 배포한 학교생활기록부 기재 요령에 보면 다음과 같은 내용이 기술되어 있다. 이 부분에 대해서 생각해보자.

이 과정에서 학생에게 학교생활기록부 서술식 항목에 기재될 내용을 작성하여 제출하도록 하는 사례 금지

이른바 '셀프 학생부'에 대한 규제와 금지를 밝히는 것이다. 학교

선생님이 아닌 학생이나 학부모가 학생부의 내용을 적을 수 없도록 하고 있다. 그러나 현실은 그렇지 못하다. 한 반에 35명 학생이 있고, 그중에서 학종을 대비하는 내신 최하위권 학생 외에 학생이 25명에서 30명이나 되는데, 그 많은 학교생활의 기록을 담임선생님 혼자서 다 적는 것은 물리적으로 불가능하다.

그래서 많은 학교들이 학생부에 들어갔으면 하는 내용을 학기 말에 적어서 제출하도록 한다. 물론 그대로 적어주지 않고 선생님이 첨삭, 가감을 해서 적어준다. 학생이 제출한 그대로 입력하는 것은 문제다. 엄밀히 말하면 학부모와 학생이 재료를 제공해주고 요리는 선생님들이 하는 것이다. 컨설팅을 하면서 느끼는 건데, 90퍼센트 가까운 학교에서 학생들이 학생부에 적혔으면 하는 내용을 정리해서 제출하게 한다. 특목고, 자사고, 일반고, 강남권 학교를 가리지 않다. 제출하도록 하지 않는 학교도 최소한 학생과 학부모가 수정하도록 허용은 한다. 이런 노력조차 셀프 학생부로 규정해서 금지하는 것은 어려운 법이다.

경기도 교육청의 학교생활기록부 관련 가이드라인을 보자.

3월 : 2015 경기도교육청 학교생활기록부 작성 매뉴얼 편집 완료

4월 10일(금), 13일(월) : 경기도교육청 및 교육지원청 실무지원단 연수

4월 ~ 5월 : 교육지원청별 관내 학교 대상 '학생부 기재요령' 연수

7월 10일(금) : 전반기 학교생활기록부 점검을 위한 담당자 연수

7월 13일(월) ~ 31일(금) : 교육지원청 주관 중학교 점검

7월 27일(월) ~ 31일(금) : 도교육청 주관 고등학교 점검

8월 17일(월) ~ 21일(금) : 1-2차 점검 결과 분석, 집중 점검 대상교
　　　　　　　　　　　　　　선정·및 특별장학 실시

12월 11일(금) : 후반기 학교생활기록부 점검을 위한 담당자 연수

12월 14일(월) ~ 1월 15일(금) : 교육지원청 주관 중학교 점검

1월 4일(월) ~ 15일(금) : 도교육청 주관 고등하교 점검

1월 25일(월) ~ 29일(금) : 1-2차 점검 결과 분석, 집중 점검 대상교
　　　　　　　　　　　　　　선정 및 특별장학 실시

1학기 기간에는 주로 시스템을 점검하고 12월에 담당자 연수를 해서 12~1월에 걸쳐 점검하는 것으로 나온다. 학교에서는 급한 고3부터 신경 쓰다 보니 1학기에는 학생부에 거의 신경 쓰지 못하고 2학기 말과 겨울방학에 대부분의 학생부 항목을 완료한다. 현실적으로 사람도 물리적 시간도 모두 부족한 것이다. 이런 현실을 반영해서인지 서울대에서 작성한 '학교생활기록부 정보의 재구조화'라는 보고서에는 다음과 같은 제안을 하고 있다.

제안 3) 교사 간 학생 정보의 소통과 공유를 통해 만들어지는 학생부 기
록 시스템

따라서 교사의 업무 부담 축소가 동반되어야 한다. 현재 학교 선생님들에게 주어진 업무량, 이른바 로드가 너무 많으니 학교생활기록부를 팩트 중심의 사실과 해석이 가미된 관찰 부분으로 나눠서 사실 부분은 학생들이 적도록 하고 선생님이 확인하는 식으로 소통과 공유를 할 수 있도록 하자는 주장이다. 셀프 학생부의 필요성을 인정하고 사실 왜곡이나 부풀리기, 과장, 허위 기록 등을 막자는 현실론의 입장을 수용하고 있다. 물론 교육부가 서울대 보고서의 제안대로 학생부 기재 방식을 바꿀지는 미지수지만 여하튼 학부모와 학생들의 의견이 반영되는 루트는 사라지지 않을 전망이다. 수시로 나이스를 통해 학생부(행동 특성 및 종합 의견만 당해 연도가 아닌 그다음 연도에 볼 수 있고 나머지는 학기가 끝나기 전에 확인할 수 있다)를 확인할 수 있기에 학부모들은 이번 장에서 배운 내용들을 자신의 자녀에 수시로 적용하는 과정을 반드시 거치셔야 한다.

책 속의 책 성격인 이번 부는 다음과 같이 구성되어 있다. 선생님은 관찰 일지를, 학생과 학부모는 생활기록부 기초 자료 양식을 작성한다는 전제 하에 구성했다. 항목별로 좋은 사례와 나쁜 사례를 보여

                    학생부 합격의 법칙

드리고 선생님의 입장과 학부모 학생의 입장에서 사례를 통해 무엇을 배우고 어떻게 자녀와 제자들에게 활용해야 할지 팁을 가이드 형식으로 알려드린다. 나쁜 사례의 경우에는 어떻게 수정해야 하는지 평가자의 입장에서 첨삭도 해드린다.

다음 페이지를 먼저 보고 오자. 각 학교에서 학부모와 학생에게 제출하도록 하는 생활기록부 기초 자료는 이렇게 생겼다.

이런 식으로 학부모와 학생들이 참여할 수 있는 학생부 항목은 1) 진로 희망 사항, 2) 자율 활동, 3) 동아리 활동, 4) 봉사 활동, 5) 진로 활동, 6) 세부 능력 및 특기사항, 7) 독서 활동, 8) 행동 특성 및 종합 의견이다. 4부에서는 이 여덟 항목을 집중적으로 다루고자 한다.

# 〈 2010학년도 학교생활기록부 기재 기초자료 〉

학년  반  번  이름 :

※기재(입력) 요령

• 기록 예시란에 예시문과 같은 방법으로 작성하되 예시문구는 삭제할 것

• 기재 예시를 반드시 자기 말로 바꿔서 쓸 것(이러이러한 것을 느꼈음)

• 자신이 해당되지 않는 줄은 줄 전체를 삭제할 것

• 빠진 항목이 있으면 줄/칸을 추가하여 기록하면 됨.


4. 독서 활동

• 자신의 진로에 미친 영향, 자신의 삶에 미친 영향 등 삶과 관련지어 적을 것

| 영역 | 기록 예시 |
| --- | --- |
| 인문 | |
| 사회 | |
| 과학 | |
| 교양 예술 | |
| 교과목과 관련된 독서 | |

# 진로 희망사항

진로 희망 사항에는 모두 네 가지를 기록하게 되어 있다.


① 특기 또는 흥미

② 학생 진로 희망

③ 학부모 진로 희망

④ 진로 선택 사유


순서로는 특기 또는 흥미가 먼저지만 가장 중요한 건 진로 미래의 직업을 정하는 것이다. 학생 진로부터 바람직한 예시와 부정적인 예시를 살펴보자. 왜 내가 바람직한 예시에 분류했는지, 부정적인 예시에 분류했는지 그 이유를 짐작해보기 바란다.

| 학년 | 특기 또는 흥미 | 진로 희망 | | 희망사유 |
|---|---|---|---|---|
| | | 학생 | 학부모 | |
| 1 | | 의사 | 의사 | |
| 2 | | 내과 의사 | 내과 의사 | |
| 3 | | 감염내과 의사 | 감염내과 의사 | |

　　이 진로 희망은 두 가지 점에서 칭찬받아 마땅하다. 하나는 의사라는 꿈을 잃지 않고 3년 동안 유지하면서 구체적으로 꿈이 진화한 느낌이 들기 때문이다. 그에 따라 학생의 준비도와 지식 또한 상승했을 것으로 예상된다. 그리고 학부모가 자녀의 뜻을 전폭적으로 지지해주고 있다는 인상도 받을 수 있다.



| 학년 | 특기 또는 흥미 | 진로 희망 | | 희망사유 |
|---|---|---|---|---|
| | | 학생 | 학부모 | |
| 1 | | CEO | CEO | |
| 2 | | 사회적기업 CEO | CEO | |
| 3 | | 친환경 기업 CEO | 사회적기업 CEO | |

　　이 학생도 앞 예시처럼 꿈이 갈수록 구체적이 되어간다는 느낌을 주고 있다. 2학년 학생부에서는 사회적기업에 관련된 책이나 공부한

내용 등이 들어가주면 좋을 것이다. 3학년 때는 환경 및 기후 변화 등에 대해서 공부하거나 탐구한 과정이 학생부에 들어가면 더욱 좋을 것 같다. 학부모도 자녀를 옆에서 지지해주지만 세세하게까지는 모르는 상황인 것 같다. 부모님은 그 정도까지만 알면 된다.

**GOOD 사례**

| 학년 | 특기 또는 흥미 | 진로 희망 | | 희망사유 |
|---|---|---|---|---|
| | | 학생 | 학부모 | |
| 1 | | 언론인 | 교사 | |
| 2 | | 교사 | 교사 | |
| 3 | | 교육방송 PD | 방송인 | |

이 학생은 중간에 꿈이 한 번 바뀌었다. 처음에는 언론인을 꿈꾸었지만 신문방송학과가 모든 학과 중에서 비교과 경쟁력이 가장 우수한 학생이 모인다는 이야기를 듣고 조금 겁이 났나 보다. 그래서 조금 경쟁률이 떨어지는 교사라는 꿈을 갖게 되었다. 아니면 입학사정관들은 현실적인 꿈을 권하는 부모님의 충고를 받아들인 것으로 이해할 것이다. 그러나 3학년 때는 자신의 적성과 현실을 동시에 살리는 멋진 직업을 떠올리게 된다. 바로 교육방송의 PD는 2학년 때 쌓았던 사범대 스펙도 활용될 수 있고 1학년 때부터 죽 쌓아온 신문방송학과 스펙도 써먹을 수 있다. 물론 학교에 따라 사범대와 신문방송학과를 동시에 노려볼 가능성이 열린 것이다.

| 학년 | 특기 또는 흥미 | 진로 희망 | | 희망사유 |
| --- | --- | --- | --- | --- |
| | | 학생 | 학부모 | |
| 1 | | 의사 | 의사 | |
| 2 | | 의사 | 의사 | |
| 3 | | 의사 | 의사 | |

이 학생 학생부는 무엇이 문제일까? 사실 큰 문제는 아닐 수 있다. 의사-의사-의사라는 진로 희망이 강한 의지를 보여주기는 하지만, 발전된 느낌이랄까, 성의 같은 것은 그다지 느껴지지 않는다. 학생부의 다른 부분들이 발전하는 모습을 세세하게 보여준다면 부정적인 인상은 사라질 수 있다. 물론 평가자에 따라 진로 희망에서 전혀 불리하게 작용하지 않을 수도 있다.



| 학년 | 특기 또는 흥미 | 진로 희망 | | 희망사유 |
| --- | --- | --- | --- | --- |
| | | 학생 | 학부모 | |
| 1 | | 기계공학과 | 기계공학과 | |
| 2 | | 기계공학과 | 기계공학과 | |
| 3 | | 기계공학과 | 기계공학과 | |

이 학생은 자신이 가고 싶은 학과를 썼다. 물론 쓸 수는 있지만 3년 동안 변화 없이 같은 학과만 계속해서 쓰는 경우는 문제다. 2학년이나

3학년 때 공학 연구원 혹은 항공 공학자 등으로 조금더 세부적으로
쓰면 더 좋았을 거라는 생각이 든다.




| 학년 | 특기 또는 흥미 | 진로 희망 | | 희망사유 |
| --- | --- | --- | --- | --- |
| | | 학생 | 학부모 | |
| 1 | | 미정 | 본인 의사 존중 | |
| 2 | | 기업인 | 본인 의사 존중 | |
| 3 | | 회사원 | 본인 의사 존중 | |


이 학생은 1학년 때는 꿈을 못 찾았다. 부모님도 그다지 자녀 교육
에 관심이 없는 것 같다. 그럴 수도 있다. 2학년과 3학년 때 달라진 모
습을 보이면 나아질 수 있는데, 여전히 기업인, 회사원 등 추상적이고
일반적인 직업을 적었다. 내 경험에 의거해보면 사실 학생부종합전형
을 준비하는 학생의 학생부가 아닐 가능성이 높다. 학생부종합전형의
출발이 진로라는 것을 아는 상황에서 이렇게 무신경하게 학생부를 관
리하는 학생은 거의 없으니 말이다. 만약 정말로 자신의 꿈과 끼에 맞
는 직업이나 학과를 찾지 못했다면 가장 잘하는 과목과 관련된 직업
을 고르는 게 유리하다.

# 특기 또는 흥미

특기나 흥미를 취미로 생각하는 경향이 많은데, 특기는 잘하는 것, 흥미는 좋아하는 것을 뜻한다고 생각하면 된다. 특기 또는 흥미는 잘된 사례와 잘못된 사례가 아니라 다음 세 가지 유형으로 분류하는 게 더 도움이 될 것 같다.



| 학년 | 특기 또는 흥미 | 진로 희망 | | 희망사유 |
| --- | --- | --- | --- | --- |
| | | 학생 | 학부모 | |
| 1 | 시사 영어 잡지 스크랩 | CEO | CEO | |
| 2 | 영어 중국어 말하기,<br>경제신문과 책 읽기 | 사회적기업<br>CEO | CEO | |
| 3 | 경제신문 읽기, 스페인어 공부하기,<br>과학 책 읽기 | 친환경기업<br>CEO | 사회적기업<br>CEO | |

바로 앞에서 만난 학생이다. 이 학생은 CEO를 희망하면서 책 읽기, 신문 기사 읽기가 특기이자 취미였던 듯하다. 사실 1학년 때 특기 또는 흥미에서 신경 썼다든지 성의가 느껴지지는 않는다. 그러나 2학년 때부터는 조금 더 구체적으로 유기적으로 바뀐다. 사회적기업을 알려면 외국의 사례를 공부해야 하고 그러기 위해서는 영어, 중국어가 필요하다. 그리고 특기도 그냥 신문에서 경제신문으로 현실에 맞게 구체적으로 바뀌었을 뿐만 아니라 3학년 때는 친환경 관련 기업 CEO라는 꿈에 맞게 과학 책 읽기가 추가되었다. 환경 문제는 범지구적 문제이기 때문에 스페인어처럼 많은 나라에서 사용되는 언어에 대해서 관심을 보이면 더 좋을 것이다.

**다양하지 않지만 진로 희망과 연결되어 장점이 드러난 사례**

| 학년 | 특기 또는 흥미 | 진로 희망 | | 희망사유 |
| --- | --- | --- | --- | --- |
| | | 학생 | 학부모 | |
| 1 | 생명 현상 및 과학 탐구 | 의대 교수 | 의대 교수 | |
| 2 | 원서 읽기, 과학 탐구 | 의대 교수 | 의대 교수 | |

앞 학생만큼은 아니지만 이 학생의 진로 희망도 잘된 케이스이다. 최선은 아니지만 차선은 된다. 의대 교수가 꿈이니만큼 특기 또는 흥미는 지적 탐구로 가도 좋다. 특히 2학년 때 원서 읽기를 특기로 적은 건 '굿'이다. 의대만큼 영어 원서를 많이 보는 학과는 아마 없을 테니

말이다. 남들은 지겨워하는 걸 취미로 할 학생이라면 좋은 의사, 훌륭한 의대 교수가 될 수 있지 않겠는가?



| 학년 | 특기 또는 흥미 | 진로 희망 | | 희망사유 |
|---|---|---|---|---|
| | | 학생 | 학부모 | |
| 1 | 독서 | 의사 | 의사 | |
| 2 | 독서 | 의사 | 연구원 | |
| 3 | 독서 | 연구원 | 교수 | |

사실 독서는 거의 모든 학생이 특기 또는 흥미(사실 희망에 가깝지만)에 쓰는 경향이 있다. 달랑 독서만 쓴 것도 문제지만 구체적으로 어떤 독서인지 써줄 필요도 있었을 것이다. 하다못해 음악 감상이나 영화 감상이라도 적어서 감성이 메마르지 않다거나 축구 등 좋아하는 스포츠라도 적어서 건강에도 신경을 쓴다는 걸 보여주면 더 좋다.

**GOOD 사례**

스포츠 분야, 특히 축구에 흥미가 많아 전 세계의 다양한 프로리그와 선수명, 각 선수의 포지션, 스포츠 매니지먼트, 마케팅 등에 대한 각종 정보를 여러 매체를 통해 수집하고 정리하는 열정이 뛰어남. 스포츠

관련 전문 지식 및 국제적인 스포츠 경영 감각을 익힐 수 있는 스포츠
에이전트를 희망함.

스포츠 에이전트라는 직업을 어떻게 갖게 되었는지 이보다 더 구체
적으로 설명할 수 있을까? 그리고 얼마나 그 꿈을 간절히 원하는지도
드러난다. 현실적으로 어떤 준비를 하고 있는지 역시 잘 전달된다.

**GOOD 사례**

평소 자연현상에 대해 호기심이 많아 궁금한 사항을 기록하는 노트를
작성하고 있으며, 상대성 이론과 양자역학과 관련된 『블랙홀 전쟁』이
라는 책을 읽으면서 블랙홀에 관심이 커져 천체물리학자가 되고자 희
망함.

희망 사유에서는 역시 직업이 나와주는 게 좋다. 천체물리학자가
꿈이라면 그 꿈을 갖게 된 계기가 되는 학자나 책이 등장해주는 게 자
연스럽다. 그러면서 성격(호기심, 꼼꼼함)도 물리학자가 되는 데 도움이
될 거라는 인상을 주고 있다.

> ○○○교육청에서 실시하는 '찾아가는 과학체험교실' 활동을 다녀온 후 과학에 대한 자신의 흥미를 확인하고 자신이 알고 있는 것에 대해 가르치는 즐거움을 깨달아 과학교사에 대한 꿈을 갖게 됨.

꼭 책이 아니어도 좋다. 그 꿈을 갖게 된 계기가 어떤 경험으로 드러난다면 더 구체적일 수 있다. 교육청 프로그램이라는 점에서 공교육이 이 학생의 꿈을 찾게 해주는 데 도움을 주었다는 점도 긍정적으로 작용할 것으로 보인다.

BAD 사례

> 학생들의 눈높이에서 꿈과 희망을 잘 표현하는 교사로 아이들의 미래를 온유한 마음과 두려운 마음으로 열어주는 교사가 되기를 희망하며, 또래교사로서 친구의 가르침, 봉사 활동 시 소외된 학생 등을 가르침 등에서 서로 공감하면서 인도하는 일이 자신의 생활에 더욱 활력을 주고, 특히 뉘앙스 있는 영어 표현 능력과 사랑과 관심, 공동체 의식, 배려, 밝은 세상을 보는 시야를 주는 교사가 되기를 희망함.

이 사유는 무엇이 문제일까? 우선 지나치게 길고 장황하다. 무엇을 전달하는지 잘 파악되지 않는다. 초등학교 선생님이 꿈인 것 같은데 영어 표현 능력 이야기가 나오는 걸 보면 사범대 영어교육학과도 의식하고 있구나라는 인상을 준다. 어떤 교사가 되기를 원하는가에 대한 답은 되겠지만 왜 이 학생이 교사가 되고자 하는지에 대한 답이 부족한 게 사실이다. 그리고 인성에 대한 칭찬이 너무 많아서 신뢰성이 떨어진다는 느낌도 있다. 행동 특성 및 종합 의견에 더 어울리는 내용이라고 말씀드릴 수 있다.



어려운 수학을 재미있고 친절하게 가르쳐주시는 선생님의 영향으로 수학에 대한 흥미를 갖고 노력하게 됨.

이 사유는 무엇이 문제일까? 수학 선생님이 되려고 하는 것 같은데 우선 너무 짧다. 이 학생은 영어를 재미있게 가르쳐주는 선생님을 만나면 꿈이 영어 교사로 바뀔 것 같다. 어떻게 해야 할까? 이과에서 다시 문과로 바꿀 수도 없고, 그 꿈을 갖게 된 계기 또는 구체적으로 어떤 점이 자신에게 그 직업이 어울린다고 생각하는지 등이 논리적이고 설득력 있게 전개되는 게 좋다.



바이올린을 연주할 때 가장 행복감을 느끼며 재능을 갖고 있음.

이 사유는 무엇이 문제일까? 예고도 아니고 일반고에서 이렇게 진로희망사유를 쓰면 이 학생은 음대 외에 다른 대학에 학종을 쓸 때 평가자들이 어떤 생각을 갖게 될까? 확실하게 음대가 꿈인 학생이라면 바이올린 연주 실력이 어느 정도 되고 어떤 곡을 좋아하는지 등을 추가해서 더 구체적으로 내용을 채우는 게 좋다.

# 자율 활동

일화 중심으로 구체적으로 적을 것. 활동과정에서 느낀 바, 깨달은 바가 솔직하면서도 정확하게 드러날 수 있게 적을 것. 스스로에 대한 평가와 관련된 단어 사용 자제 바람. 대체로 형식을 '활동 시기 - 구체적 활동 내용(일시, 장소, 소요 시간, 활동 목적 등) - 활동과정 느낀 점'으로 할 것.

모 자사고에서 학생들에게 학생부 기초 자료를 적어오도록 할 때 신신당부하는 내용이다. 대개 학교 선생님들은 문장식보다는 개요식 (메모식)을 선호하는 경향이 강한데 특히 자율 활동은 메모식으로 쓰는 경향이 더욱 두드러진다. 그래서 학생들에게는 과정 중심의 일화, 깨달은 바, 이런 식으로 정리해오도록 요구하는 경향이 있다.

**BAD 사례** 학교 프로파일인가? 학생의 학생부인가?

신입생 오리엔테이션 캠프(2013.02.26~27)에서 팀공동체 포스트 활동, 전략 class 활동을 통해 공동체 정신을 함양하고 사명선언문 및 롤링페이퍼를 작성하면서 학교생활에 대한 안내를 받았으며, 입학식(2013.03.03)에서 본교의 전통적인 행사인 신입생과 재학생의 대면식을 통해 선후배 간의 신뢰와 애정을 돈독하게 다지는 계기가 됨. 학급반장(2013.03.04~2013.02.28)으로서 급우들의 의견을 존중하여 학급 문제를 해결하고, 봉사하고 희생하는 리더십을 발휘함. 한국 북구 정신건강센터에서 진행하는 나로부터 시작하는 생명 존중 교육 프로그램(2013.04.10)을 듣고 청소년들의 자살 충동의 이유, 자살 위험성이 높은 친구에게 대처하는 방법 등을 숙지하게 되어 만약의 경우를 대비할 수 있는 능력을 기름.

장애 인식 개선을 위한 교육(2013.04.22)의 일환으로 '우리는 외계인이다'를 시청하고, 장애청소년들과 마음을 열어가고 음악을 통하여 서로의 진정한 친구가 되어가는 과정을 통해 장애에 대한 편견을 깨는 계기가 됨. 문화체험 활동(2013.05.01)의 일환으로 순천만 국제 정원



학생부 합격의 법칙

박람회의 습지의 희망, 초록의 숨결, 세상의 풍경, 자연과 동화의 테마 중 자신이 원하는 코스를 선정하여 관람함. 사람과 자연이 공존하면서 만들어낸 아름다운 풍경을 보고, 자연의 소중함을 깨닫게 됨. 체험 활동이 끝난 후 개별 보고서를 작성하여 자신이 새롭게 알고 느낀 바를 정리함. 이보경 강사의 아름다운 성문화 만들기 강연(2013.05.03)을 통해 성매매, 성관계에 대해 구체적인 사례를 듣고, 행복해지기 위해서는 책임 있는 성과 사람이 있어야 함을 알게 됨.

재난안전교육(2013.05.08)을 통해 지진 발생 시 대비 방법과 소화기 사용법을 교육받음. 응급 상황이 발생했을 시 침착하게 대처할 수 있는 자신감을 갖게 되었고, 우리 사회에 만연한 안전불감증에 대한 경각심을 갖게 됨. 교내 춘계체육대회(2013.05.16)에서 학급 친구들과 참신한 응원도구를 직접 제작하고 반을 대표하여 피구, 줄다리기 등의 경기에 출전함.

참고로 학교 프로파일은 서울대와 고려대 등에서 요구하는 학교의 소개 자료이다. 학교에서 교육적으로 어떤 프로그램들을 갖고 있는지 양식에 따라 기재하는 자료이다. 신입생 오리엔테이션, 장애인식 개선을 위한 교육, 재난 안전 교육 등은 학교에서 하는 행사들이지, 학생들이 자율적으로 주도적으로 한 활동들이 아니다. 이 학교의 자율 활동에서는 학생을 발견하는 것이 아니라 학교를 발견하게 되는 것이다. 이런 자율 활동은 학생이 대학 가는 데 별로 도움이 되지 않는다. 대학은 학생이 가는 거지, 학교가 가는 게 아니지 않는가?

**BAD 사례** 의미 없거나 적은 활동에 과도하게 길게 쓰기

(보건) 일상생활의 건강관리(2014.08.20), 청소년 체형 관리(2014.08.27), 성폭력 예방(2014.09.03), 응급처치 상식(2014.09.24), 흡연(2014.10.08), 청소년 성매매 예방(2014.10.15), 정신건강(2014.10.22), 심폐소생술(2014.10.29), 알코올(2014.11.05), 성인병(2014.11.19), 유행 다이어트의 허와 실(2014.11.26), 금연(2014.12.03), 성희롱 예방(2014.12.10) 교육을 받고 흡연과 술이 얼마나 몸과 정신 건강에 안 좋은지 알게 되었고 청소년기에 적당한 다이어트는 건강에 도움을 줄 수 있지만 과도한 다이어트는 몸에 독이 된다는 것을 느꼈다. 무엇보다도 심폐소생술을 하는 법을 알게 되어 보람찼고 실생활에서 흔히 입을 수 있는 부상에 대한 정확한 응급처치 법을 정리하여 발표함.

이 학생부는 무엇이 문제일까? 간호대학이나 보건정책학과에 가려는 학생이 아니라면 건강관리 청소년 체형 관리, 성폭력 예방 심폐소생술 등의 활동이 그렇게 의미 있는 활동은 아닐 것이다. 그리고 자율

적으로 활동한 것으로 보이지도 않는다. 물론 살아가는 데 적잖은 도움을 줄 활동이기는 하지만 제한된 분량(1,000자)에 이렇게 많은 내용을 할애할 이유는 없는 것 아닐까? 과도한 다이어트가 몸에 독이 된다는 게 특별한 깨달음도 아니다. 만약 이 활동을 자율 활동에 적고 싶다면 학생은 의미 부여를 새롭게 하거나 자신의 전공과 연관지어 한 번 정도 생각해보는 시간을 가지면 된다. 별로 어려운 일도 아니었다. 그냥 아무 생각이 없었다는 것이 이 학생부의 치명적 약점이다.

**BAD 사례** **도대체 이 학생의 전공 적합성은 어디에서 찾는단 말인가?**

종합적성진단검사(지능, 인성, 감성 검사, 2013.03.13)를 통하여 본인에게 적합한 진로탐색 및 진로계획을 세울 수 있는 기회를 가졌고, 종합학교적응진단검사(2013.03.13)를 통해 학교적응에 어려운 요인을 발견하여 학교적응의 효과를 증진시키기 위해 노력하였음. 부활절 예배(2013.03.29) 때 세족식을 통한 '섬김과 겸손'의 덕목에 대해 생각해보는 시간을 가졌고, 예수님의 부활의 진정한 의미에 대해 생각해볼 수 있는 시간을 가졌음. 현장체험 활동(2013.04.03~04.05) 수련활동을 통하여 학급 친구들과 더 깊은 사귐의 시간을 가질 수 있었고, 공동체의 일원으로서 자신에게 역할과 책무를 감당하는 것이 얼마나 소중한지를 깨달을 수 있었음. 1학기 진로, 직업체험 활동(2013.04.24)을 통하여 다양한 직업 및 진로의 방향을 탐색할 수 있었음. 춘계체육대회 (2013.04.26)를 통하여 교실을 벗어나 운동장에서 친구들과 마음껏 웃으며 어울릴 수 있었으며, 평소 소극적이었던 친구들이 적극적으로 활동하는 모습이 인상적이었으며 응원을 통하여 학급의 단합됨을 볼 수 있어서 좋았다고 함. 특히 학급의 체육대회 준우승에 모두들 기여할 수 있어 보람된 하루를 보낼 수 있었음.

이 학생의 자율 활동은 무엇이 문제일까? 종합 적성 진단 검사, 직업 체험 활동 등은 번지수를 잘못 찾았다. 이 활동은 전공 적합성을 드러낼 수 있는 좋은 소재로, 자율 활동보다는 진로 활동에 넣는 것이 좋다. 또 한 가지 문제는 시간 순서대로 쓰면서 읽는 사람이 혼란스럽다는 것이다. 이 부분은 자율 활동에 진로 활동과 적응 활동이 같이 쓰여 있기 때문에 이런 문제가 발생한 것이다. 내가 담임선생님이라면 적응 활동이라고 소제목을 달아주고 단락을 나누거나 한 줄을 띄운 다음 내용을 입력할 것 같다.

   학생부 합격의 법칙

교내 인문학 콘서트(2015.07.16)에 공익광고 UCC 만들기, 윤리 소논문 작성하기, ○○ 관광책자 만들기 부분에 참여하였으며, 공익광고에 대동여지도를 활용하는 독창성을 보임.

이 활동은 무엇이 문제일까? 이 학생이 문과 계열 학생이라면 아주 의미 있는 활동이 될 것이다. 그러나 이 대회에 참가한 다른 학생들도 굉장히 많을 것이다. 입학사정관들은 주로 학과별로 학생들을 평가하지만 서울대처럼 학교와 지역을 담당하는 입학사정관이 전체 서류를 평가하는 경우도 있다. 그들 입장에서는 거의 모든 지원자들의 학생부에서 이 활동이 발견될 것이다. 그리고 그들이 한 활동 내용과 느낀 점까지 비슷하다는 사실을 발견할 수 있을 것이다.

중요한 건 공익광고에 대동여지도를 활용하는 독창성을 보인 것이다. 그 독창성이 어떻게 발휘된 것인지 그 독창성을 통해 자신이 무엇을 배우고 성장했는지가 드러나야 하는데 이것만으로는 전혀 알 수 없다. 같은 활동이라도 이렇게 다르게 해석될 수 있다는 사실을 학생부에서 보여주어야 하는데 어쩌면 선생님들은 이런 일을 못할 수도 있다. 그래서 학생부종합전형 일기를 매일매일 쓰는 습관이 중요하리라는 생각이 든다. 기록하지 않고 연말에 한 번에 내려고 하면 이런 중요한 경험과 활동의 중요성이 누락될 가능성이 큰 것이다.

지금까지는 반면교사(反面教師)의 시간이었다. 그렇다면 어떻게 자율 활동을 써야 좋은 학생부가 될까? 다음과 같은 특징의 자율 활동이 주로 합격생 학생부에서 발견된다. 합격자와 불합격자는 확실히 학생부가 다르다.

**GOOD 사례** 학교보다는 학생이 드러나도록 써준 케이스

> 1학기 때 교내 토론 대회에 참여했는데 평소에 신문을 자주 보지 않았고 시사상식이 부족하다고 느끼던 본인이 많은 경험을 하게 되었습니다. 신문을 자주 보지 않았던 자신을 반성하였고 같은 나이지만 풍부한 시사상식을 가지고 논리적으로 말을 잘하는 친구들을 보며 신선한 충격을 받고 자신을 개발하는 데 시간을 투자해야겠다는 생각을 하게 되었습니다.

학교에서 하는 대회, 축제, 체육대회, 현장 학습, 수학여행 등의 활동은 학생보다는 학교가 부각될 수밖에 없다. 그러나 이 자율 활동의 짧은 기술은 학교는 사라지고 학생만이 남는 좋은 사례이다. 본인의

반성, 부러움 그리고 노력하겠다는 다짐까지 그 학생의 생각과 느낌이 고스란히 전달되고 있다. 이 학생이 토론을 통해 어떻게 발전하고 변화했는지 눈에 선하다. 좋은 사례로 적극 추천한다.

**GOOD 사례 평가자의 입장에서 가독성 높인 케이스**

(CEDA 토론 토너먼트)

1. 토론주제 : 음주 가능 연령을 만 16세로 낮추어야 하는가? 지하철 노약자석이 비어 있을 때 앉아도 되는가? 사후 피임약을 의사의 처방 없이 자유롭게 살 수 있도록 허용해야 하는가? 노키즈존(No Kids Zone)은 시행되어야 하는가? 테러리스트의 인질 협상 요구에 응해야 하는가? 예술과 외설의 경계를 사회적으로 정해 규제해야 하는가? 일베 사이트를 폐지해야 하는가?

2. 개인 활동 및 결과
윤○○ 학생은 7차 토론까지 배심원, 심사위원, 사회자, 토론자, 배심원, 배심원, 심사위원 역할을 적극 수행하였으며 매회 토론을 녹취하며 토론 흐름표와 토론 개요표를 성의껏 열심히 작성하여 제출하였으며 적극성이 돋보임. 팀 결과 8강.

이 학생은 자율 활동에 토론 수업과 대회를 썼다. 토론은 자율 활동에 적을 수도 있고 학교 수업 시간에 이루어진 활동이라면 세부 능력 및 특기사항에 적을 수도 있다. 굳이 자율 활동에 적은 이유를 찾자면 학생들이 선생님의 도움을 받지 않고 스스로 해나가는 성격을 강조하자는 취지로 이해될 수 있다.

그러나 중요한 건 토론은 혼자서 하는 것이 아니기에 많은 학생들의 학생부에 비슷한 내용이 적힐 수밖에 없다. 그럴 때는 이렇게 공통으로 적는 내용(대회나 수업 주제)을 적고 한 줄 띄운 다음, 학생의 개인별 기록이라는 걸 암시하는 별도의 제목을 달고 이 학생의 성과나 배운 점 등을 기술하면 되는 것이다. 평가자 입장에서 무엇을 보아야 하는지 명쾌하게 알 수 있다는 장점이 있다.

### GOOD 사례 전공 적합성이 드러나도록 해준 케이스

> 과학체험 활동(2013.09.25)으로 주인공들이 축소되어 인체를 여행한다는 내용의 과학영화(「이너스페이스」) 감상을 통하여 인간의 신체 내부를 생생히 관찰할 수 있는 기회를 가졌음. 또한 과학실험(편광아트) (2013.10.16)에서는 편광의 원리를 이용하여 직접 작품 활동을 해보는 기회를 가짐(2013.10.23). 영화 「아웃 브레이크」를 보고 바이러스의 특성과 전파의 과정을 이해하였으며, 면역이 형성되는 원리를 체

    학생부 합격의 법칙

계적으로 이해함. 과학자 초청강연(2013.10.30)에서는 '인간의 진화와 미래'란 주제의 강연을 듣고 앞으로의 인간생활의 전개 방향에 대한 깊이 있는 고민과 발전 방향에 대한 생각을 하는 기회를 가짐. 과학 골든벨(2013.11.13) 행사를 통해 과학 분야의 다양한 상식들을 흥미진진한 퀴즈의 형태로 풀어보며 선의의 경쟁을 함.

전공 적합성은 자율 활동보다는 진로 활동이나 동아리 활동으로 증명하는 것이 쉽다. 하지만 남들과 비슷한 자율 활동에서도 전공 적합성을 얼마든지 보여줄 수 있다. 이 학생은 꿈이 연구원이다. 과학 축제 실험 행사 등 관련 자율 활동을 몰아서 써주고 있다. 과학 영화를 보고 원리에 대해서 궁금해하고 그것에 대해서 알아가는 과정이 잘 드러나 있다. 그 결과 이 학생은 생활 속에서 과학을 일상적으로 생각하고 공부하는 학생이라는 느낌을 평가자에게 주게 되는 것이다.

**GOOD 사례 자율적으로 열정적으로**

과제연구 논문제목 : 학교 폭력의 현황 분석을 통한 학교 폭력 발생 요인 및 해결 방안 탐구(3인 공동연구)

이 논문에서는 학교 폭력의 발생 현황과 그 잠재적 원인을 학습이론, 사회통제이론, 권력관계이론 등의 방법론을 바탕으로 연구했습니다. 그리고 이들 방법론에 근거하여 학교 폭력에 관한 실제 설문조사를 진행하여 이론과 실제의 관계를 분석했습니다. 본 연구는 단순한 설문조사에 그친 것이 아니라, 학교 폭력이 발생하는 잠재적 요인을 고도로 정교한 학술적 방법론을 동원하여 분석하고 이를 바탕으로 학교 폭력의 원인과 학교 폭력 참여 역할 유형의 상관관계를 분석하여 설득력 있는 해결 방안까지 제시했다는 점에서, 기존 학계의 연구 성과와 비교해서 손색이 없는 훌륭한 연구 결과를 산출했습니다. 본 연구를 지도한 교사는 학생이 기존의 학술자료와 논문을 깊이 있게 학습했고, 독창적이고 의미 있는 연구 결과를 산출하기 위해서 오랜 시간 동안 열성적으로 연구에 임한 모습을 보면서 학생들의 학술연구에 대한 잠재력이 매우 뛰어나다는 것을 확인할 수 있었습니다.

딱 보기에 특목고, 자사고 학생의 학생부처럼 보인다. R&E나 논문 등을 자율 활동에 써줄 때는 지원학과와 직접적 연결고리는 떨어지지만 그 나름의 의미 있는 활동인 경우가 많다. 이 학생도 지원학과(행정학과)와는 다른 논문을 썼다. 교육 분야를 택했는데, 이 코멘트만 보고도 평가자는 논문 연구를 어떻게 했는지, 어떤 점에서 다른 학생들의



학생부 합격의 법칙

논문과 다른지에 대해서, 즉 자신들이 알아야 할, 평가자 입장에서 궁금한 내용을 써주고 있다. 객관적 사실들 이후에는 자신이 관찰한 기록을 써주고 있다. 지켜보면서 느낀 점, 오랜 시간 동안 열성적으로 연구에 임하는 모습을 보면서 잠재력을 확인할 수 있었다는, 즉 가르치는 사람으로서 보람을 느꼈다는 이야기이다. 이 학생의 담임선생님은 마치 추천서처럼 자율 활동을 써주었는데, 그래서인지 더더욱 진정성이 느껴지는 대목이다.

# 동아리 활동

동아리 활동 특기사항에는 무엇이 들어가면 좋을까? 동아리 가입 동기, 활동과 그 결과물 그리고 지원자에게 생긴 변화 등이다. 이 동아리 활동은 이렇게 사례를 보여드리려 한다.

동아리는 굉장히 가짓수가 많지만 크게 분류하면 다음처럼 여섯 가지 유형이 있다. 공부와 관련된 학습 동아리, 봉사나 또래상담반처럼 다른 사람들을 돕기 위한 동아리, 학교 신문이나 방송 등 학교생활과 관련 동아리, 음악 미술 체육 영화 연극과 관련된 예체능 동아리, 학교 공부를 넘어서 논문도 쓰고 연구도 하고 토론도 하는 탐구형 동아리 그리고 학교에서는 마땅한 동아리가 없어서 학생들이 자율적으로 만든 동아리(주로 진로와 전공 탐색을 위해) 등이다. 이 여섯 가지 유형별로 잘된 케이스와 잘못된 케이스 하나씩 비교해보자.

# 1. 학습 동아리



수리탐구반(2) 수학에 대한 기본기가 탄탄하여 수학문제를 스스로 해결하는 능력을 갖추고 있고 창의적인 사고로 문제에 접근할 수 있음. 모둠별 토론에도 적극적으로 참여하고 있으며 심화 연구 문제에 대한 자신의 의견을 조리 있고 논리적으로 발표하고 있음. 특히 게임에서 발견되는 구학적 규칙을 수열에 관한 지식을 바탕으로 경우의 수에 관한 문제를 분석하고 해결하는 능력이 탁월함.



(환경과 생명반) 생명과학에 대한 열정으로 입부하여 동아리 부장으로 활동함. 환경오염과 인체에 미치는 영향에 대해 조사하고 발표하고 토의 활동에 적극적으로 참여함. 환경호르몬이 인체에 미치는 영향을 조사하는 과정에서 평소에 관심이 많았던 뇌과학 분야에 관한 도서(『인문학에게 뇌과학을 말하다』, 『생물과 무생물의 사이』, 『뇌과학 여행자』 등)를 읽고 서평을 작성하였으며 환경호르몬이 뇌신경에 미칠

수 있는 영향에 대해 발표함. 생명과학 분야에 높은 학습의욕을 기반

으로 다양한 활동에 참여함.

학습 동아리는 국영수사과 등 주로 교과목과 연계된 활동이나 스터디를 하는 동아리이다. 내신 성적이 조금 부족한 학생들이라면 학습 동아리를 통해서 자기가 노력하고 발전하고 있다는 걸 보여주는 게 아주 중요할 수 있다. 특정 과목이 약한 학생들에게도 이 활동이 긍정적으로 비칠 수 있다.

두 예시를 비교해보자. 왜 앞의 것은 문제가 있고 뒤에 것은 괜찮은 걸까? 분량도 비슷하고 차이를 못 느끼겠는데 말이다.

차이는 아주 간단히 드러난다. 전자는 전형적 피상적 진술로 가득차 있지만 후자는 그 학생만의 고유한 그 어떤 것이 있기 때문이다. 기본기가 탄탄하고 수학을 잘하는 학생이라는 인상은 받을 수 있지만 교과 학습 발달 상황에서 성적이 좋으면 그 내용의 반복일 뿐이라는 인상을 받을 것이고 반대로 성적이 별로라면 신빙성이 떨어질 것이다. 문제를 푸는 창의적 사고의 예를 써주었어야 한다. 후자의 학생은 환경과 생명과학 과목의 연계고리가 되는 환경호르몬이 인체에 미치는 영향이라는 주제를 연구하게 된 계기, 관심이 뇌과학까지 확장되어 관련 책을 찾아서 읽은 후 환경호르몬과 뇌신경까지 관심의 촉수



학생부 합격의 법칙

가 뻗쳐 이 주제로 발표를 한 경험까지 지적 심화 과정이 잘 드러나고 있다. 후자의 방식이 당연히 더 좋은 것이다.


## 2. 봉사 동아리

**BAD** 사례

> (RCY: 청소년단체) 아침 등교시간과 저녁시간 등을 이용해 환경정화 활동을 함으로써 학교 환경이 깨끗하게 유지되도록 노력함.

**GOOD** 사례

> (영어봉사(AEOS)) 영어 봉사 동아리는 영어멘토링, 영어 동화책 읽어주기, 영어 번역, 봉사 후 피드백 주고받기 등 활동으로 이루어져 있는 재능기부 봉사동아리임. 영어 번역 활동 팀장으로서 동아리 시간에 그린 크로스 코리아의 자료를 한글로 번역하는 활동을 주도함. 또한 매주 금요일, 점심시간을 이용하여 한영 유치원에서 아이들에게 영어 동화책을 읽어주는 봉사 활동에 참여함. 처음에 아이들이 영어에 익숙

하지 않아 힘들어하는 모습을 보고, 부원들과 함께 재미있게 책을 읽어주는 연습을 하는 등 아이들과 소통하기 위해 노력함. 아이들이 영어로 된 책에 더 친숙함을 느낄 수 있도록 동화책을 영어로 먼저 읽어주고 한글로 문맥에 맞게 설명해주며 아이들의 이해도를 높임. 그 결과, 시간이 지날수록 유치원생들이 이 활동에 집중하는 모습을 보임. 초반에는 아이들에게 봉사한다는 마음으로 일을 시작했지만, 사람들과 함께 일을 하려면 무엇보다 먼저 사람들과 소통하며 마음을 열도록 하는 것이 중요하다는 것을 깨닫게 해준 소중한 시간을 보냄. 학기 말에 시행된 동아리 발표회에서는 퀴즈 준비 역할을 맡아 다양한 영어 동화책과 관련된 퀴즈를 준비하고, 학생들에게 흥미롭게 동아리 활동을 소개할 수 있는 방안을 부원들과 합의를 통해 이끌어냄.

이번에는 잘된 사례와 잘못된 사례의 차이가 극명하게 보인다. 길이부터 다르다. 분량이 긴 만큼 학생을 파악할 수 있는 알짜배기 정보들이 많다. 앞 학생은 구체적으로 어떤 정화 활동을 했는지 학교 환경이 그 후 어떻게 달라졌는지를 추가로 써주었어야 한다. 더 좋은 것은 RCY라는 이름으로 한 그 밖의 봉사가 있다면 그것도 같이 써주는 것이다. 뒤 학생은 구체적인 활동, 팀장으로서 주도적으로 한 일이 무엇인지, 그리고 봉사를 하면서 봉사 대상은 물론 본인 자신도 어떻게 바



학생부 합격의 법칙

뛰어갔는지까지 자세하게 묘사되어 있다. 봉사 동아리가 이 학생에게
큰 의미가 있었고 반대로 봉사 동아리에서 이 학생도 큰 의미가 있었
다는 사실, 의미를 주고받았다는 사실을 이 학생부를 통해서 확인할
수 있다. 우리도 확인할 수 있는데, 입학사정관에게는 더욱더 잘 보일
것이다.


## 3. 신문·방송·교지 동아리


**BAD 사례**

> (방송반) 방송반원으로서의 활동은 교내 전교조례, 입학식과 졸업식,
> 합창제와 체육대회, 학교의 연간 창체활동과 관련한 방송시설 설치,
> 외부 초청강연이나 예술활동, 진달래축제, 음악활동, EBS 방송 시청이
> 나 듣기방송, 영상 촬영과 편집활동 등 학교 행사의 원활한 운영을 위
> 한 방송반의 활동은 핵심적이고 헌신적이라 할 수 있음. 1학년 후배들
> 의 기술적인 능력 향상과 방송반의 단합을 위해 희생하고 노력함으로
> 써 방송반 반장(2학기)으로서 모범을 보였음.

(방송반) 방송반 방장으로서 방송반의 단합과 학교 행사의 원활한 운영을 위해 열정을 가지고 노력함. EBS 시청과 영어듣기 방송을 통한 학생들의 학력 향상, 음악 방송을 통한 학생들의 정서 함양, 교내 각종 행사(전교 조례, 교내 체육대회, 교내 합창대회, 입학식과 졸업식, 진로 지도를 위한 각종 행사) 및 수능시험의 원활한 진행을 위한 방송 시스템의 점검 등 학교 업무의 운영에 있어서 기여함이 매우 크다고 생각함. 후배들의 방송 기기 조작 관련 기술 습득을 위해 헌신하며, 각종 행사의 동영상 촬영과 편집을 통해 학교 행사의 기록과 보존에도 임무를 다함.

많은 학생이 1학년부터 3학년까지 같은 동아리를 한다. 그러다 보면 동아리 활동이 비슷한 내용으로 꾸며지기 쉽다. 이 학생의 학생부는 1학년 때 부원으로서 어떤 활동을 했는지, 2학년 때 반장이 되어서 어떤 발전이 있었는지를 보여주어야 하는데, 2학년과 3학년 내용이 거의 비슷하다. 학교 기록물을 보존하기 위해서 성심성의껏 노력한 게 조금 달라진 점이다. 이 내용을 좀 더 구체적으로 쓰면 조금 나은 평가를 받았을 것이다. 이런 학생부를 보면 입학사정관들은 동아리가 형식적이고 제대로 돌아가지 않는 학교라고 생각할 것 같다.



학생부 합격의 법칙

(영어잡지반(HENC)) 본교 영어 잡지 동아리에서 기사 주제 선정 시 흥미성과 내용의 깊이 두 가지를 모두를 고려하여 영어 잡지에 질적으로 완성된 기사를 기고하기 위해 많은 노력을 기울임. 리포터, 에디터, 레이아웃으로 나뉘는 동아리에서 본 학생이 가장 빛을 낸 분야는 에디팅 활동에서임. 에디터로서 타 학생들의 기사를 검토함에 있어 문법이나 철자법은 물론 기사의 전체적인 문맥과 흐름을 검토하여 통일된 글이 나올 수 있도록 하였음. 본 학생에 대해 가장 기억에 남는 것은 밝고 친절한 모습과 강한 책임감이 있는 모습, 동아리 활동이나 여타의 일로 학생들이 고민에 빠졌을 때 본 학생에게 의존을 하며 많은 도움을 받음. 친구들이 힘들어할 때 위로해주고 아이디어가 부족하여 고민할 때 아낌없는 조언을 나누어 함께 전진하는 모습이 인상적이었음. 또한 본 학생은 책임감이 강하여 한번 맡은 일은 완성될 때까지 300% 책임을 지는 학생임. 동아리 담당 교사에게 많은 도움을 줌.

신문방송학과, 영문과, 정외과뿐 아니라 공대를 희망하는 학생들도 신문반, 방송반, 잡지반에 많이 참여하고자 한다. 공대나 의대, 자연대 학생들도 과학이나 의학 관련 기사들을 쓸 때 전공 적합성을, 영어로 기사를 쓰면서 글로벌 리더로서의 자질을 동시에 보여줄 수 있기 때문이다. 이 학생의 학생부에는 왜 영어잡지반 동아리에서 이 학생이 어떤 노력을 했는지, 이 동아리가 이 학생에게 어떤 의미가 있는지 정말 자세하고 꼼꼼하게 묘사되어 있다. 이런 점이 가장 강렬하게 기억에 남는다고 쓴 대목에서는 이 학생과 동아리 담당 선생님 간의 친밀감이 대단하다는 인상을 준다. 학업 능력이 뛰어난 동시에 후배 친구들을 챙기는 지원자에게서 배려심도 충분히 엿볼 수 있다. 자신이 한 활동을 300퍼센트 돋보이게 해주는 좋은 학생부 동아리 활동 기술이다.

## 4. 예체능 동아리

**BAD 사례**

> (농구부1) 좋은 신체조건과 운동신경을 가지고 팀에서 포워드 역할을 도맡아 함. 특히 일대일 상황은 공격과 수비 양면에서 뛰어난 실력을 보여줌.
> (농구)(5시간) 교육감배 동아리 농구 대회 및 청소년 길거리 농구 대회에 참가하여 성실하고 깨끗한 플레이를 펼침.

남학생들은 농구부, 축구부 등 동아리 활동을 많이 한다. 이 학생도 농구부를 선택했다. 그런데 왜 무엇을 어떻게 언제 했는지 등등이 전혀 담겨 있지 않다. 이 학생이 농구에 적합하다는 내용만 적혀 있을 뿐 농구 동아리에 관련된 기술은 전혀 없다. 마치 동아리 담당이 아닌 다른 선생님이 써주신 듯한 느낌을 주는 학생부이다. 평가자들은 동아리 활동은 딱히 평가할 게 없겠구나 생각하게 된다.

**GOOD 사례**

> (오투(O2)) 항상 음악과 공연에 대한 열정이 넘쳐나는 학생으로서 3학년임에도 불구하고 동아리 활동에 열심히 참여하는 모습을 보임. 직접 공연을 하지는 않았지만 평소 공연 기획에 관심이 많아 부실 공연을 계획할 때 곡 선정, 일정 정하기, 장비 대여하기 등 공연 준비의 전반적인 부분에서 후배들의 공연에 도움을 줌. 여름 정기 공연 때에는 공연장 대관, 회계 관리, 홍보 등 많은 부분에서 적극적인 모습을 보이며 동아리 부장으로서 후배들을 이끌어가는 리더십이 돋보임.

이 여학생은 음악 동아리를 3학년까지 계속 했다. 1~2학년에 비해 당연히 활동 시간은 적을 수밖에 없다. 그럼에도 3학년이라는 시기에 걸맞은 활동으로 내용을 채우고 있다. 후배들을 도와 공연이 성공적으로 마무리되도록 리더십을 발휘하고 회계 관리 등 경험이 많은 자신이 하면 시간과 품을 줄일 수 있는 일을 도맡아 했다. 책임감과 열정이 동시에 느껴지는 임팩트 있는 학생부다. 이 여학생의 2학년 때 학생부는 어떠했을까? 이번에는 반대로 3학년 먼저, 2학년 나중의 순서로 살펴보자.



(오투(O2)) 키보드 연주 실력과 편곡 실력이 우수하고, 리더십을 갖추고 있어 책임감 있게 동아리 내의 임무를 수행하는 믿음직스러운 모습을 보임. 동아리 부장으로서 정기공연을 총괄하며, 공연을 준비하는 과정에서도 부원들과 끊임없는 의사소통을 통해 효과적인 홍보 방식을 고안함. 완성도 높은 공연을 위해 노력하는 기획력이 돋보임.

키보드 연주, 편곡 실력 등 음악적 실력을 강조하고 있다. 3학년 때와는 다른 접근이었다. 기획력과 홍보력, 의사소통 능력 등을 자연스럽게 드러내며 그것이 동아리에 이바지한 바를 알려준다. 신문방송 쪽 진출을 생각하는 지원자에 대한 배려이면서 동아리에 크게 기여했다는 사실을 이중적으로 드러내고 있다. 홍보라는 부분에서 2학년 때 했던 활동의 단초들이 3학년 활동에 결실을 맺었다는 것도 보인다. 학생부는 이렇게 학년별로 유기적으로 연계되는 것이 좋다.

## 5. 독서토론탐구 동아리



(추리소설읽기반) 평소 다양한 추리소설을 즐겨 읽으며, 자신이 알고 있는 추리소설의 상식을 대입하여 범인과 트릭을 추리하여, 독서를 마치기 전에 범인을 알아맞히는 등 적극적으로 독서 활동을 함.

독서, 논술, 소논문 등의 탐구 활동은 학교 수업의 연장선에 있거나 학교 수업과 관련이 없더라도 일단 공부라는 범위 속에서 생각해볼 수 있다. 공부의 본질은 무엇일까? 읽고 생각하기이다. 독서 동아리 역시 그 틀에서 이해해야 한다. 토론 동아리는 여기에 말하기, 논술 동아리나 논문 동아리는 쓰기가 포함될 것이다. 이 학생은 추리소설 읽기반 동아리인데 읽기와 생각하기가 드러나 있는가? 평소 추리소설 읽기를 좋아한다는 습관만 드러날 뿐 읽기와 생각하기 그리고 동아리라는 공간이 갖고 있는 의미까지 모두 결여되어 있다. 유야무야라는 말이 딱 어울리는 동아리이다. 좋은 독서 토론 탐구 동아리는 다음처럼 작성되는 것이 맞다.

(지식광장2.0) 동아리 활동의 다양한 주제발표를 통해 진로탐색과 더불어 진로를 결정하게 되었고 그 과정에서 진로의 방향이 기업의 경제 경영 쪽에서 소비자의 관점으로 소비문화와 형태, 소비경영, 소비정책 분석 및 평가 쪽으로 바뀌게 되자 진로에 대한 지적 호기심으로 노인 소비에 대해서 관심을 갖게 되었으며 한국이 노령화사회가 되고 있음에도 불구하고 노인 소비에 대해서는 별로 연구가 없었다는 점에서 노인 소비에 대한 방향 제시와 더불어 노인 소비가 바르게 이루어질 수 있는 정책은 무엇일까에 대한 문제의식을 느끼고 "선진국 노인들의 소비형태와 우리나라 노인들의 소비형태(소비패턴) 비교분석을 통한 올바른 소비문화 방향 제안"이라는 제목으로 선진국 노인들의 소비형태는 문헌자료를 통해 조사하고 우리나라 노인들의 소비형태는 설문지를 통한 리서치 형식으로 자료를 비교 분석하는 방법을 통해 소논문을 작성하여 제출하고 소논문을 요약하여 파워포인트를 발표함으로써 회원들의 큰 호응을 얻었음. 동아리 활동의 주제발표를 통해 진로의 탐색, 결정, 심화의 과정을 거쳐 소논문을 작성하였고, 동아리 활동을 통한 창의적 체험 활동이 통합적으로 이루어질 수 있다는 게 가능함을 제시하였음.

이 학생은 동아리에서 소논문을 썼다. 소논문을 왜 썼는지 쓰기 전에 무엇을 했는지 쓰고 나서 무엇을 배웠는지 3단계가 자세하게 소개되어 있다. 동아리라는 집단적 관점이 아닌 동아리라는 집단 속에서 지원자가 한 활동이라는 개인적 측면에서 접근하고 있다. 이것이 자신의 진로와 어떻게 연결되는지도 기술되어 있다.

다만 이 학생부가 조금 더 좋은 평가를 받으려면 학교 선생님의 도움은 어떻게 받았는지, 학교 선생님은 이 학생의 소논문을 읽고 어떻게 지도했는지가 추가됐더라면 더 좋았을 것이다. 입학사정관들은 이 동아리 활동을 읽고 나서 분명히 독서 활동 상황으로 시선을 옮길 것 같다. 이 주제로 관련 독서를 어떻게 했는지 궁금해질 테니 말이다.


## 6. 자율 동아리(주로 진로와 전공 관련)


**BAD 사례**

> (DMZ: 자율동아리) 개구리 해부 실험에서 열정적이고 적극적으로 실험에 참여하였으며 실험 내내 생명체에 대한 존엄을 지키며 숙연한 마음으로 진지하게 실험에 임하는 모습을 보임. 또한 평소 관심이 많은 인간의 신체 구조와 개구리의 신체 구조를 비교, 대조하면서 지식을 심화시킴.

자율 동아리는 학생이 왜 만들었는가가 상당히 중요하다. 학교에 원래 없던 것이니까 말이다. 그러나 이 짧은 기술에는 왜, Why에 대한 언급 자체가 없다. 이 자율 동아리의 문제는 개구리 해부 실험 하나만으로 모든 활동이 설명된다는 것이다. 평가자는 이렇게 생각할 것이다. 이 학생은 개구리에 관심이 많아서 이 동아리를 만들었구나. 그런데 개구리에 관심이 많은 이유는 도대체 뭐지?

**GOOD 사례**

> (TO BE) '캡사이신이 비만에 미치는 영향'이라는 주제로 자율탐구 활동을 함. 문헌 조사를 통해 캡사이신의 성분과 비만을 줄이는 효과에 대하여 찾아본 후 관련 연구를 하시는 박사님의 연구실을 방문하여 실험 대상인 쥐의 지방간의 크기를 비교하여 캡사이신이 비만을 줄이는 데 효과가 있는지를 확인함. 이 과정에서 쥐를 해부해봄으로써 해부 방법을 습득하고 쥐의 내부구조와 인체구조의 유상성과 차이점을 확인함. 해부에 관한 보고서를 작성하며 세부 자료조사 과정을 통하여 장기의 기능에 대하여 자세히 알게 됨. 자료를 조사하고 분류, 정리하여 탐구 자료에 대한 체계성을 보여줌. 또한 무거천의 수질조사와 식생분포를 탐구하여 그 내용을 보고서로 작성함.



학생부 합격의 법칙

　이 학생도 비슷한 해부 실험을 위해 동아리를 만들었지만 앞 학생과 비교할 때 많은 차이가 느껴진다. 우선 굉장히 자세하게 묘사되어 있다. 교수님을 직접 찾아가거나 연구하는 과정 속에서 이과 학생으로서 자질이 느껴진다. 학생이 잘 드러나는 기술이다. 이 학생이나 앞 학생이나 의대를 가기 위해서 동아리를 만들고 비슷한 활동을 했는데 학생부에 따라 전혀 다른 활동을 한 것처럼 느껴지는 건 나뿐만이 아니겠구나 생각이 든다.

　자율 동아리는 워낙 중요하니 하나 더 사례를 살펴보자.

주도적으로 동아리를 만들어 주제와 책을 정해 정기적으로 토론 모임을 가짐. 크게 삶을 살아가는 방식(소유와 옳음을 중심으로)과 사회적 영향을 받는 사상과 현대에의 적용이라는 두 주제를 선정하고 다양한 선생님들과 논의한 후 도서를 선정하고 토론 내용을 기록하여 담당 교사에게 지도를 받음. '역사란 무엇인가' 토론 중 다양한 관심사에서 나오는 색다른 관점의 주장이 나와 깊은 인상을 줌.

　이 학생의 서류에 대해 서울대는 이런 공식 평가를 내놓았다.

학생이 주도적으로 동아리를 설립하고 도서와 논제를 선정하여 학습하면서 수상으로 이어지는 일련의 과정을 기술하였다. 세부 능력 및 특기사항과 독서 활동상황 등을 거듭 고찰하여 학습 태도를 검증할 필요가 있다.

주도적으로 토론 동아리를 만들었다고 하면 입학사정관이 더 관심 있게 보는 것 같다. 도서와 논제 선정은 어떠했으며 결과는 어떤지까지 다 관심이 있는 듯하다. 그래서 동아리를 보면서 교내상과 세부 능력 특기사항, 독서 활동까지 고찰하려는 것이다. 글자수 제한 때문에 자세하게 쓸 수는 없지만 이 학생이 서울대 자기소개서를 쓴다면 토론에서 자신이 했던 색다른 주장에 대해 쓰는 게 점수를 따는 길이다.

# 봉사 활동

봉사 활동의 특기사항은 어떻게 적으면 좋을까? 학생이 왜 했고 무엇을 했으며 어떻게 했는지까지 담겨 있으면 될 것이다. 수많은 학생의 학생부를 보니 모두 다섯 가지 유형으로 패턴화할 수 있다. 하나하나 함께 살펴보자.

## 1. 공부와 관련된 봉사 활동



2학기 자율학습 도우미(2014.08.25~2014.12.12/5시간)로 자율학습 시간 출석 확인 및 교실 환경 정리 활동을 하여 학급의 학습 분위기 조성에 힘씀.



대전교육과학연구원에서 운영하는 과학동아리 탐구 체험 봉사 활동에 '누르면 시원해지는 미니 에어컨 만들기'와 '진동에 의해 색이 변하는 탱탱볼'을 주제로 2차례 참가함(2014.08.09, 2014.08.17/14시간). 초등학생들에게 과학적 현상을 몸소 체험할 수 있도록 도와주고 그 원리를 설명하면서 참가한 학생들에게 과학의 즐거움을 전하며 보람을 느낌.

상담을 하다가 학생부를 보게 되면 봉사 활동 기술에서 공통적인 문제점을 발견할 수 있다. 상당수 학생부의 기재된 내용이 상투적이다 못해 진부하기까지 하다. 예를 들어 이런 식이다. 장애인들에게 꾸준한 봉사 활동을 하며 자신이 건강하다는 사실에 감사함을 가졌다든지, 나눔과 봉사하는 삶의 의미에 대해서 생각해보는 계기가 되었다, 봉사 활동에 성실히 열심히 임했다는 식의 기술은 진정성을 그다지 느낄 수 없는 기술들이다. 두 사례는 어떤 점에서 대조적일까?

앞 학생부는 학급 학습 분위기 조성에 기여했다는데 그게 봉사라면 구체적으로 어떻게 기여했고 분위기가 어떻게 달라졌는지를 기술하는 게 맞다. 예를 들어 수학을 못하는 친구들의 질문을 받아주었다든지 공부 시간에 떠드는 학생들에게 충고와 설득을 통해 다른 학생들에게 피해를 주지 않도록 했다든지 하는 식으로 말이다. 뒤 학생은 초등학생들에게 과학 원리를 설명해주면서 보람을 느꼈다는 식으로 구체적으로 쓰고 있다.

결국 공부를 갖고 봉사 활동의 특기사항을 채울 때는 두 가지가 반드시 들어가야 한다는 이야기이다. '무엇을 해서, 어떻게 달라졌는가'이다. 이것만 명심하면 봉사 활동은 가장 쉽게 마스터할 수 있다.

## 2. 전공과 연계한 봉사 활동



사회복지공동모금회에서 사랑의 열매를 구입하여 아동, 청소년, 장애인, 노인, 여성, 지역사회 등 다양한 분야의 복지사업을 지원하는 데 작은 정성을 보내드렸고, 국제구호개발기구인 월드비전에서 시행하는 사랑의 빵, 동전밭 동전모으기 운동(2012.6.28)에 적극 참여하여 사랑의 빵 저금통에 사랑과 정성을 가득 채워 적극적인 구호 활동을 함으로써 이웃에 대한 사랑과 봉사를 직접 몸으로 실천함.



또래상담자 활동(2012. 4. 14~2012. 11. 28) 대성여고 또래상담자로서 한국 청소년 상담원에서 주관하는 솔리언 또래상담자 훈련 프로그램을 받고 2012년 3월부터 11월까지 또래상담자로 활동하면서 학교생활에 적응이 어려운 친구들을 돕고, 교우관계나 부모와의 갈등으로 힘들어하는 친구들에게 좋은 상담자가 되어 주었으며, 학업이 어려운 친구들의 학습을 돕는 등 또래상담자로서의 역할을 성실히 수행함.

봉사 활동을 굳이 전공과 연계시킬 필요는 없다. 다만 의대 간호학과, 사범대 사회복지학과 등 몇몇 학과는 봉사 활동을 통해서 전공 적합성도 증명할 수 있다. 앞 사례는 사회복지학과를 가려는 학생, 뒤 사례는 교대를 가려는 학생의 학생부 봉사 활동이다. 둘을 비교하면 어떤 차이가 느껴지는가?

앞 학생은 엄밀히 말하면 기부 활동을 한 것이다. 기부나 헌혈처럼 1회성 봉사 활동을 쓸 때는 사실 쓸 말이 별로 없다. 기부 행위를 통해서 봉사 정신을 몸으로 실천한다고 하면 누가 봐도 과장이라고 할 수 있다. 만약 복지학과를 지망하는 학생이 이런 활동으로 의미부여를 한다면 복지 제도나 기관의 재정 문제에 대한 생각이나 아이디어를 언급하면 조금 더 나은 평가를 받을 수 있을 것이다.

뒤 학생은 교대 합격생인데, 또래상담 교육을 받고 그 교육을 바탕으로 또래상담을 통해 어떤 봉사 활동을 했는지 구체적으로 기술되어 있다. 좋은 상담자로서 좋은 교사로서 자질이 엿보인다는 점에서 전공 적합성을 평가받을 수 있는 좋은 기술이라고 보인다.

# 3. 사람을 상대로 하는 봉사 활동



사랑의 집(노인요양원)에서 방학을 이용하여 배식과 청소 등 봉사 활동을 하며 노인질환으로 힘들어하시는 분들을 보고, 의료기술과 함께 봉사 활동을 한다면 더 도움이 될 것이라고 생각함.(2015.01.03 ~2015.02.01)



사회복지시설(천양원)에서 한 아이와 결연을 맺어 꾸준히 봉사 활동을 실시함. 요리사가 꿈인 아이를 위해 요리를 배워 다양한 요리실습을 함께 하며 꿈을 포기하지 않도록 도와주며, 어려워하는 영어 공부를 재미있게 할 수 있도록 각종 영상매체와 영어동요를 활용하여 영어에 쉽게 접근하고 실력향상에 도움을 줌. 용돈 중 일부를 매달 아이에게 꾸준히 후원하며 아이에게 행복한 시간을 만들어주기 위해 노력하는 모습이 인상 깊음. 지속적이고 진심어린 봉사를 통해 그 아이가 다시 가족의 품으로 돌아가게 되고, 이로 인해 깊은 감동을 느끼고 가족의 소중함과 부모님에 대한 사랑과 존경심을 함께 깨우치게 됨. 전교부회장으로서 솔선수범해 회장과 분담해 학교 운영을 원활히 하고, 꾸준히 급식 지도를 하여 안전하고 편한 식사환경 조성에 노력함. 또한 학교에 적응하지 못하는 신입생 또는 불량학생들을 찾아내 적극적으로 도와주며 그들의 변화에 성취감을 느낌. 모범 학생 표창(봉사상)(2014.11.10)을 수상함.

가장 많은 학생이 사람을 상대로 한 봉사 활동을 한다. 두 사례는 어떤 부분이 다른가? 분량도 다르지만 깊이 또한 다르다. 앞 학생부는 노인성 질환과 관련되어 의료기술 이야기를 조금 더 추가했어야 한다. 어떤 질환을 겪고 있었는데 자신은 그들에게 어떤 도움을 주었고 앞으로 어떤 기술이 봉사에 필요할 것이라고 구체적으로 써야 점수를 받을 수 있었을 것이다.

뒤 학생부는 그런 점에서 모범 학생부라 부를 수 있다. 요리사가 꿈인 아이, 영어를 어려워하는 아이 등 봉사 활동을 하는 학생들과 지원자가 어떤 관계를 맺었는지 이 글을 읽는 평가자들도 파악할 수 있도록 생생하게 적었다. 전교학생회 부회장으로 학교생활에도 헌신적이어서 상까지 받았으니 이 학생은 과정은 물론, 결과까지 좋았던 학생으로 평가자들은 기억할 것이다. 진정성 있는 봉사, 지속적이고 일관

적인 봉사를 통해 배려, 나눔, 협력 및 성실성까지 보여주는 좋은 학생

부라고 할 수 있다.


## 4. 지역 환경에 대한 봉사 활동


**BAD 사례**

안양시립평촌도서관에서 업무지원 등의 봉사 활동에 참여함(2012.

10.24).

학교 주변 정화활동에 적극적으로 참여함(2012.05.23~2012.10.17).


**GOOD 사례**

교내 환경 봉사 동아리 붐디아다에 자발적으로 참여하여 수요일마다

8주 동안 학교 급식 남기지 않기 운동, 일명 수다데이 활동을 하고 교

내 절전, 절수, 쓰레기 줍기 등 관련 활동 및 화장실에 환경 포스터 부

착하고 2달에 한번 교체하는 활동을 5월에서 7월까지 환경 동아리 반

원들을 이끌며 꾸준히 실시하여서 학교 급식 잔반이 줄어드는 효과와

다른 학생들이 환경 보호에 자발적으로 동참하는 변화를 가져옴.

봉사는 사람을 대상으로 하는 봉사와 자연을 대상으로 하는 봉사 활동 두 가지가 있다. 전자의 봉사가 더 가치 있게 평가되는 것은 아니다. 맥락에 따라 얼마든지 긍정적 평가를 이끌어낼 수 있다. 앞 봉사 활동의 문제점은 전혀 구체적이지 않고 봉사 활동을 했다고 적혀 있다는 사실이다. 봉사 활동은 실적에 시간과 장소가 기록되기 때문에 이런 기록은 무의미 그 자체이다.

뒤 학생부를 보시면 분량도 늘어나면서 구체적으로 무엇을 했는지, 어떤 효과가 있었고 지원자의 봉사 활동을 통해 환경은 어떤 변화가 있었는지를 기술해주었다. 아주 잘 썼다고 할 수는 없지만 의미 있는 학생부라고 평가할 수 있다.

## 5. 자신의 재능과 특기를 살린 봉사 활동



민간 청소년 자선단체인 United Korean Youth Orchestra 단원으로서 클라리넷 연주로 공연 봉사 활동을 정기적으로 수행함(2012.04.07~2017.07.28/30시간).

학생들은 자신의 장기, 연주 혹은 영어 실력을 바탕으로 배려와 나눔까지 보여주려는 경향이 있다. 특히 상위권일수록 그런 경향이 강하다. 이 학생은 클라리넷 연주 실력이 뛰어난 학생으로 정기적인 연주 봉사를 한 듯하다. 하지만 학생부에는 그 사실만 확인 가능할 뿐 그 나머지 것들에 대해서는 확인할 수가 없다. 자기소개서에 쓰지 않는다면 그냥 묻혀 지나갈 수도 있었던 것이다. 평가자들은 봉사 활동을 특기사항만 갖고 보지는 않는다. 다음처럼 실적도 같이 볼 것이다. 그랬더니 이 학생은 연주 연습 시간까지 봉사 활동 시간으로 계산되어 있었다. 그러면 이렇게 많은 시간을 투자한 만큼 조금 더 비중 있게 써주었으면 이 학생의 인성도 더 예쁘게 빛나 보일 수 있었을 텐데 말이다.

| | | | |
|---|---|---|---|
| (학교)분포고등학교 | UN묘지 참배 및 평화공원 자연보호 | 1 | 47 |
| (개인)수영구자원봉사센터 | 오케스트라 공연활동 연습 | 3 | 50 |
| (학교)분포고등학교 | 교내외 대청소 | 1 | 51 |
| (개인)수영구자원봉사센터 | 오케스트라 공연활동 연습 | 3 | 54 |
| (개인)수영구자원봉사센터 | 오케스트라 공연활동 연습 | 3 | 57 |
| (개인)수영구자원봉사센터 | 오케스트라 공연활동 연습 | 3 | 60 |

**GOOD 사례**

정기적으로 저소득층 초등학생 대상 영어 스토리텔링을 진행하고, 국제협력단(KOICA) 주니어 코디네이터로 활동하면서 외국인 연수생 대상 영어통역봉사를 통하여 우리나라의 이미지를 높이는 재능봉사를 함. 이와 같은 재능기부 봉사 활동을 통해 자신이 사회발전에 기여할 수 있다는 것을 깨달음.

이 학생의 학생부는 앞 학생 학생부에 비해서 어떤 점이 우수할까? 초등학생 대상으로 영어를 스토리텔링으로 재미있게 가르쳤다. 코이카에서 영어 통역 봉사를 할 때는 대한민국의 이미지를 높이면서 자신의 봉사가 사회적으로 의미 있을 수 있다는 사실을 확인했다고 임 팩트 있게 기술되어 있다. 이쯤 되면 꼭 분량이 많지 않더라도 지원자 의 장점을 효과적으로 보여줄 수 있는 방법이 있다는 사실을 깨달을 수 있다.

# 7

# 진로 활동

진로 활동에는 학교의 진로 프로그램이나 수업 외에 학생들이 자신의 진로와 관련해서 개인적으로 했던 탐색 활동도 적을 수 있다. 바깥에서 한 활동도 적을 수 있다. 대학 캠프나 외부 대회는 적을 수 없지만 박물관 견학, 강연회 청강, 미술관 관람, 전자기기 전시회 관람 등은 작성할 수 있다. 많은 학생의 학생부를 보면서 다섯 가지 유형으로 분류할 수 있음을 알게 되었다. 하나하나 살펴보도록 하자. 진로 활동의 키워드는 열정과 전공 적합성이다.

# 1. 학교 특강 진로 프로그램 활용한 사례



강점검사(2014.06.20)에 참여함.

진로체험의 날(2014.05.02) 행사에 참여함.

학부모 진로특강(시문학, 법조인, 외교관이 되려면 2014.05.02)에 참여함.

마이크로 칼리지 - 찾아가는 전공 교실(2014.09.13)에 참여함.



역사박물관을 주기적으로 방문하여 역사공부와 봉사 활동을 하였음. 역사박물관에서 주최한 전주 한옥마을 탐방에 참여하여 전주의 역사에 대한 자세한 설명을 듣고 확실하게 몰랐던 사실들을 새롭게 알게 되었음. 그 후에 일본교류학생들이 방문(2012.09.08~2012.09.16)하였을 때에는 전주의 역사에 대해 자세히 설명해주며 우리 문화 알리기에 앞장섰으며, 축제 때에는 투호, 팽이, 공기, 윷놀이 등 전통놀이를 체험하는 동아리 부스를 직접 구성하고 홍보하면서 학생들에게 전통놀이 방법을 설명해주었음. 또한 전북대와 연계해서 진행된 프로그램인 SG(Study

Group)에서 '역사를 탐구하자'라는 그룹을 만들어 독도가 역사적으로 우리나라의 국토임에 대한 과제에 대해 제출한 뒤 김병기 교수님의 광개토대왕비에 관한 강의를 듣고 전북대학교 박물관을 견학하였음. 강의를 듣고 광개토대왕비가 1000여 년이 넘도록 방치되어 있고, 일본이 역사를 왜곡하기 위해 광개토대왕비의 글자를 변조했다는 서예학적 증거에 대해 알 수 있었으며, 2004년 중국 소주에서 열린 유네스코 세계문화유산위원회 제28차 회의에서 고구려의 수도, 귀족과 왕족의 무덤이 중국의 신청에 의해 세계문화유산으로 등재되었고… (생략)

두 사례를 차례로 읽어보시면 어떤 차이가 느껴지는가? 앞 사례는 무성의의 극치라고 해도 과언이 아닐 정도로 성의없게 썼다. 참여했다는 게 전부다. 아무리 학교가 진로 프로그램을 형식적으로 운영한다고 해도 이건 심한 게 아닌가 싶다. 잘된 사례로 꼽은 뒤 학생부는 이 학생의 진로 희망이 역사학과 교수라는 걸 이해하고 보면 더더욱 진가가 드러난다. 자신이 살고 있는 지역과 학교 교환 학생 프로그램 등을 적극적으로 활용해 역사에 대한 자신의 관심과 열정 소양을 마음껏 뽐내고 있다. 축제 때는 동아리 부스를 만들어 역사까지 알렸으니 역사학과 교수라면 이 학생을 꼭 뽑고 싶지 않을까?

## 2. 진학과 관련된 체험



고교방문 이공계 전공설명회(2012.07.27/3시간) : 희망자 대상으로 진행된 행사로 공학한림원 산하 차세대 리더 모임(YEHS)의 대학생들이 고등학교를 직접 방문하여 공학에 대한 개론과 각 전공별 개요를 설명함으로써 이공계 진학에 대한 올바른 인식을 심어줌. 이 행사에 생명공학, 전기전자공학, 건축공학, 환경공학, 화학, 신소재공학 분야에 대한 설명이 진행되었으며 참가한 리더 30여 명과 개별적인 질의응답 시간을 가짐으로써 이공계 진학에 대한 이해를 높였음.



직업세계에서 평생 학습의 중요성을 인식하고 앞으로 직업 생활에서 요구하는 긍정적인 태도와 올바른 직업윤리 의식의 중요성을 이해함. 30여 개의 대학 입학처와 연계하여 직접적으로 입학상담을 하며 대입 전형요강을 수집하면서 학과별 특성이나 필요한 내용 등을 철저히 메모하며 궁금한 사항에 대하여는 실제적인 질문과 답변을 듣는 진학박

람회(2013.05.31)를 통해 구체적인 개인별 진로와 진학 전략을 수립해보고 자신의 미래를 주도적으로 계획해 나가는 행사에 적극 참여함. 생생한 체험을 곁들여 자신을 소중히 여기며 목표 있는 삶을 지향하기 위해 '할 수 있다'는 자신감을 가진 사람은 아무리 어려운 상황이나 신체적, 경제적 결함 등 극한 상황이 펼쳐지더라도 모두 극복할 수 있는 힘이 내재되어 있음을 알게 됨.

대학교 주최 행사나 캠프에 많은 학생들이 참여한다. 물론 지금은 대학명을 쓸 수는 없지만 자신의 전공 적합성과 전공에 대한 관심을 보여주는 데 가장 좋은 기회다. 하지만 앞의 부정적 사례를 보시면 행사가 어떻게 열렸는지 소개만 될 뿐 정작 중요한 학생의 진로와 전공에 대한 언급 자체가 없다. 신소재공학과 환경공학, 전기전자공학 중 어디에 관심이 있는지조차 언급되지 않았다. 반면 뒤 사례는 어떤가? 학생부에서는 학생이 드러나고, 아니 느껴지고 있다. 입학처를 발로 뛰어다니면서 궁금한 것을 알아보고 질문하는 모습이 떠오른다. 정말 자신의 미래를 주도적으로 개척해낼 것 같다는 기대심리를 블러일으킨다. 누가 봐도 좋은 진로 활동이다.

## 3. 직업과 관련된 직접 체험



이전까지는 '로봇'이라는 막연한 목표만을 가지고 있었지만, 꾸준한 동아리 활동과 '2014 로보월드' 관람을 통해서 구체적으로 '센서'와 관련한 확고한 장래희망을 갖게 됨.



'2014학년도 청소년 참여법정'(동수원 등기소 가정별관, 2015.01.28)에서 청소년 참여 인단으로 참여하여 평의 절차를 진행하고 부과 과제를 선정하면서 같은 청소년으로서 사건을 이해하고 공감하는 기회를 가짐. 이를 통해 법정의 절차를 알게 되었고, 간담회를 통해 판사라는 직업에 대해 더 자세히 알 수 있는 계기가 됨.

직업 관련 체험은 아주 중요하다. 물론 고등학교 때 미리 체험한 직업과 실제 자신이 미래에 갖게 될 직업은 달라질 수 있겠지만 여하튼 현재 시점에서는 대단히 중요한 경험이다. 앞 사례는 특별하게 문제가 되지는 않지만 뭔가 부족해 보이지 않는가? 구체적으로 로봇 월드에서 무엇을 보았기에 센서 쪽으로 관심의 향방이 바뀌었는지 써주었다면 더 좋았을 것이다. 잘된 사례로 꼽은 뒤 학생부는 어떤가? 이 학생은 판사가 되고 싶은 학생으로 로스쿨 진학이 목표이다. 모의 법정이라든지 재판 참관은 아주 의미 있는 경험일 수 있다. 구체적으로 무엇을 했는지 잘 알 수 있다. 만약 조금 더 추가된다면 법정의 절차에 대해서 배운 점을 기록하면 좋았을 것 같다.

## 4. 진로·직업 등과 관련된 간접 경험

**BAD 사례**

자신의 진로희망이나 관심 분야와 관련된 『1984』(조지 오웰)를 읽은 후 독서토론지를 작성하고, 이를 토대로 동아리 부원들과 함께 책을 읽은 소감을 나눔으로써 직업의 세계에 대한 이해를 높이는 동시에 진로에 대한 꿈(PD 및 방송 관련)과 내적 동기를 부여받고자 노력함. 또한 『카타리나 블룸의 잃어버린 명예』(하인리히 뵐)라는 책을 읽고 교내 창업 독후감 대회에 참가(2014.06.13)하여 자신의 진로에 대한 관심을 재고(再考)하고, 진로 성숙도를 높여 진로를 계획하고 준비하는

데 필요한 능력과 태도를 갖추기 위해 노력함.



글로벌 리더로서 국제공무원이 되기를 희망하는 학생으로, 정치외교 분야에 대해서 폭넓은 독서를 통해서 배경지식을 쌓았음. 동아시아의 근현대사와 문화를 익히기 위해 『중국의 붉은 별』, 『아Q정전』, 『국화와 칼』 읽음. 특히 『정치철학 에세이』를 읽던 중 인도주의적 개입의 문제에 관심을 가졌고, 그것에 대해 심층적으로 탐구한 뒤 영자신문에 그 문제를 주제로 한 기사를 써서 투고함. 또한 국제협력단(KOICA)에서 주니어 코디네이터로 활동하며 외국인과 직접 교류하고, 국제이해반 동아리 활동을 통해서 일본 친구와 펜팔을 하고 집에 초대하는 경험을 통해 진로에 대한 확실한 동기를 부여받음.

현실적으로 고등학생은 직업 체험을 직접 하기가 힘들다. 특히 지방 학교의 학생들은 더욱 그렇다. 그래서 독서나 영화 같은 간접 경험의 도움이 절실하다. 실제 독서 활동 상황에도 쓸 수 있지만 진로 활동에 쓰면 전공 적합성이 더욱 빛나 보일 수 있다. 앞 사례의 학생은



학생부 합격의 법칙

『1984』, 『카타리나 블룸의 잃어버린 명예』 등의 책을 읽고 진로에 대한 비전을 갖게 된 것 같은데, 자신의 꿈이 무엇인지 조금 더 직설적으로 밝혀주고 그 꿈에 이 책들이 어떻게 도움이 되었는지 써주면 좋았을 것이다.

뒤 학생은 어떤가? 동아시아사에 관심이 많고 국제공무원이 되고자 하는 학생이니까 이런 책들을 읽었다면 자연스럽게 전공 적합성과 지적 호기심을 증명할 수 있다. 책을 읽고 관심이 생긴 문제에 대해서 영어로 기사도 쓰고 펜팔과 영어 통역 봉사 등 어학 실력까지 자신의 자질과 적성을 보여주는 데 잘 활용하고 있다. 앞 사례보다 확실하게 학생이 잘 드러난다.


## 5. 진로와 관련한 소논문(R&E)

**BAD** 사례

'사람에 대한 안락사'에 대해 찬성 측에서 자료를 조사하고 생각을 정리하여 토론에 참여하고 논문을 작성함(2013.07.05), 'GMO 식품 생산'에 대해 찬성 측에서 자료를 조사하고 생각을 정리하여 토론에 참여하고 논문을 작성함(2013.08.23), '원자력 발전'에 대하여 찬성 측에

**GOOD 사례**

‘윈도우용 키넥트 센서를 이용한 제스처 기반 로봇 제어’라는 주제로
리모콘, 내장 프로그램 같은 기존 로봇 제어 방식에서 탈피해 새로운
사용자 인터페이스의 패러다임을 제시하는 연구를 장기간 수행함. 이
연구를 하면서 키넥트의 구조와 원리, NUI에 대한 이해를 높임. 인체
의 특이점을 따와서 사용자가 어떠한 움직임을 보이고 있는지 추적하
는 Skelecton Tracking과 그것으로 얻은 데이터를 가공하는 Lowpass
Filtering을 핵심으로 한 C# 제어 프로그램을 코딩함. 장기간의 지속적
인 연구를 통해 사용자가 움직일 수 없다는 단점을 Myo라는 근육 감
지 센서를 사용해서 보완하는 방법을 생각해냄. 또한 로봇 제어를 넘
어서 NUI가 어떻게 발전할지와 상용화를 위해 필요한 점을 고민함.

이제 창체의 마지막 시간이다. 소논문과 R&E는 자율 활동에도 쓸
수 있고 동아리 활동이나 세부 능력 및 특기사항에도 쓸 수 있지만 전

공과 직접적 관련이 있는 논문들은 진로 활동에 쓰는 게 가장 유리할 것이다. 두 학생 모두 진로 활동에 언급했는데 여러분 보기에 어떤 차이가 느껴지는가?

앞 학생은 안락사, GMO 등에 관한 논문들이 도대체 어떤 전공에 활용될 수 있는지 스펙트럼이 너무 커서 전공 적합성을 판단하기 어렵다. 이 학생은 사실 이과 학생이니 논문을 무조건 진로 활동에 쓰는 것보다는 전공과 관련되지 않은 논문은 다른 곳에 배치하는 게 좋았을 텐데 말이다. 대학에 논문 학과가 따로 있는 것은 아니니까.

뒤 사례는 어떤가? 전문적인 용어를 많이 쓰면서 상당한 수준의 연구를 했다는 것이 비전문가인 나에게도 전달된다. 무엇을 했는지, 무엇을 생각했는지, 무엇을 고민했는지 잘 드러나고 있다. 공학도로서 사람에게 도움이 되는 이로운 기술과 제품을 개발하겠다는 의지로 해석되는데 여러분은 어떻게 느끼는가?

**8**

# 세부 능력 및 특기사항

드디어 학교의 모든 선생님이 모든 학생을 위해 써주는 세특의 시간이 왔다. 세부 능력 및 특기사항을 행동 특성 및 종합 의견과 함께 학생부종합전형에서 가장 중요한 항목이라고 말한 것을 기억하는가? 모두 세 가지 유형이 있다. 정규 교과, 방과후학교, 방학이나 주말 기간에 운영되는 특색 프로그램이다. 바람직한 기술 원칙은 다음과 같다.

① 학생이 그 과목에서 잘하는 것, 강점
② 학생이 그 학기에 가장 흥미롭게 공부한 주제 혹은 단원
③ 학생이 평소 수업에 임하는 태도
④ 수행평가에 얼마나 성실히 임했는지
⑤ 평소 수업 시간이나 수업 이후에 선생님에게 질문을 했던 내용

# 1. 정규 교과 과목

## (1) 국어

**BAD 사례**

국어 : 평소 다양한 영역의 책을 고루 읽는 학생이며 1년 동안 독서 노트에 감상문을 성실하게 작성하여 2013 독서락 논술미 우수작품 공모전(2013.12.2~2013.12.6)에서 좋은 결과를 얻음. 국어 과목에 흥미가 있어 성실하고 적극적인 수업 참여로 두각을 나타내는 학생이며, 수업 이해도 및 학업 성취 능력이 매우 뛰어남. 토론 활동 시 논제에 대한 타당한 근거를 바탕으로 자신의 주장을 효과적으로 펼쳐 상대를 설득하는 능력이 우수하며, 발표 수업에도 적극적인 태도를 바탕으로 수업에 활발히 참여함. 또한 평소 책을 즐겨 읽으며 책을 읽고 난 후 독서 노트에 꾸준히 감상문을 작성하는 학생임.

**GOOD 사례**

문학 II : 고전소설 『이생규장전』(김시습)을 감상하고 '어느 봄날의 이별가'라는 제목의 시로 창작하여 시적 화자를 최랑으로 설정하고 이

생을 떠나야 하는 최랑의 서러움과 영원한 사랑의 다짐을 잘 표현하였으며, 최랑의 눈물을 '흩날리는 벚꽃'으로 표현한 부분이 돋보임. 또한 현대시 「파장」(신경림)을 「농무」(신경림)와 연결하여 감상하고, 소설 「세상에서 가장 긴 하루」로 창작하는 활동을 통해 1960~1970년대의 농민들의 애환과 아픔이 잘 드러나게 인물들의 대화를 구성한 부분이 인상적임. 이를 통해 고전문학과 현대문학의 특성을 비교하며 감상하고, 문학작품을 수용하는 바른 태도를 함양함으로써 문학 감상 능력이 신장됨. 그리고 '한국문학과 세계문학' 단원에서는 「나비」(송찬호) 시와 간단한 시인 소개, 시 해설을 전공어인 프랑스어로 번역함으로써 한국문학의 세계화와 그 의미를 이해하는 계기를 가짐. 방과후학교 프로그램 국어영역 실력 향상 과정(문학 감상 능력 향상반(12시간), 비문학 독해 능력 향상반(12시간), 고전문학 위풍당당반(10시간), 국어영역별 실력 다지기반(31시간))을 수강함. '한글날 법정 공휴일 재지정, 한글박물관 완공'을 기념하여 '우리말, 우리글 사랑'이라는 주제로 개최된 '2012 독서토론논술대회(2012.02.02)'에 『28자로 이룬 문자혁명, 훈민정음』(김슬옹), 『한글 민주주의』(최경봉), 『조선언문실록』(정주리 외), 『당신들의 천국』(이청준)을 읽고 창의독서 분야에 참가하여 훈민정음 창제와 관련된 사회, 역사적 사실에 대한 이해를 높이는 계기가 됨.

국어는 모든 과목의 어머니라고 부를 수 있는 도구 과목이다. 국어 과목의 세부 능력 및 특기사항은 그래서 중요할 수밖에 없다. 앞 학생부의 세부 능력 및 특기사항은 겉으로 보기에는 아무 문제가 없어 보인다. 딱 한 줄만 써주는 학교에 비해서 성의를 다한 것처럼 보이지만 전략적 미스가 있다. 사실 이런 내용은 담임선생님이 써주는 행동 특성 및 종합 의견에 어울리는 일반적인 진술일 뿐이다. 국어 시간에 있던 내용이라기보다는 평소 학업과 공부에 관한 습관이다. 독서, 토론, 발표, 독서록 작성 등 말이다.

뒤 학생부는 어떤가? 구체적으로 문학 시간에 배운 내용과 이와 관련된 학생만의 활동과 장기가 고스란히 드러나고 있다. 시, 소설 등 전반적인 문학작품에 대한 감상력은 상당하다는 인상을 받을 수 있다. 시 해설을 전공어인 프랑스어로 써서 한국 문학의 세계화에 대해서 본인이 느끼는 계기가 되었다는 대목은 어떤가? 프랑스어를 잘하는 이 학생이 국문과에 오면, 한국 문학의 세계화가 앞당겨질 그럴 가능성이 엿보이지 않는가? 잠재력, 발전 가능성과 학업 역량, 전공 적합성까지 두루 느낄 수 있는 좋은 기술이다.

## (2) 영어



심화영어회화 : 판단력이 뛰어나며 학습태도가 진취적이며, 문장 구조 파악 능력이 우수하고 어휘력이 풍부하여 비교적 쉬운 영어 단편을 혼자 읽을 수 있음.



영어독해와 작문 : 읽기, 쓰기, 듣기, 말하기의 영어의 모든 영역에 걸쳐 전반적으로 매우 탁월한 실력을 지녔으나 이에 절대 자만하지 않고 매 수업시간 항상 집중하는 자세로 성실하게 임하는 태도가 참 기특한 학생임. 평소, 자기 주도적으로 학습을 챙기며 예·복습도 철저히 하여 수업시간 사전 예고 없이 치르는 퀴즈(8.26, 8.29, 9.5, 9.12)에서 네 번 모두 좋은 성적을 거둠. 전반적으로 영어 성취도가 매우 높은 본교에서 근면성실하게 학업을 챙긴 결과, 1·2학기 모두 영어교과 내신 상위 등급이라는 성취를 일궈냄. 또한, 실용적인 생활 영어에 대한 호기심으로 좀 더 자연스럽고 원활한 의사소통을 〈Sherlock〉 등 영어로 된 드라마나 뉴스 시청을 꾸준히 하는 등 영어 학습에 있어 교과 공부



학생부 합격의 법칙

에 국한하지 않고 스스로 폭넓고 깊게 연구하고 고민하는 자세가 매우 인상적이며 이를 매우 칭찬해주고 싶은 학생임.

영어 과목에 대한 두 학생의 학생부에서는 어떤 차이가 느껴지는가? 영어 회화에서 판단력이 뛰어나다는 건 무슨 의미일까? 비교적 쉬운 영어 단편을 혼자 읽는다는 말은 또 무슨 의미일까? 학생을 조롱하는 듯한, 그리고 평가자를 조롱하는 듯한 멘트 아닐까? 완전히 영어 회화와는 삼천포로 빠지는 그런 내용이다. 억지춘향도 이 정도면 명함을 못 내밀 것 같다.

이에 반해 뒤 학생부는 어떤가? 세부 능력 특기사항은 같은 학과를 지원하는 다른 고등학교 학생들과 비교되기도 하지만 같은 학교를 다니면서 같은 대학 다른 학과에 원서를 쓰는 친구들과 비교될 수도 있다. 평가자들은 두 가지를 모두 염두에 두고 읽을 것이다. 이 학생은 영어를 잘하는 학생들이 모인 학교에서 상위권을 유지할 수 있었던 비결을 합리적으로 설명하고 있다. 성실성을 엿볼 수 있도록 기술했고 교과 공부에 국한되지 않고 미드 등으로 영어 실력을 쌓았다는 점 등 평가자가 궁금해할 학생의 이야기를 많이 담았다는 장점이 느껴진다.

## (3) 수학



> 수학 : 수학에 깊은 관심이 있으며 교내 수학 경시대회에 참가를 하여
> 장려상을 수상함.(2012.04.26)
> 수학의 기본 개념이 확립되어 있고, 수학적 사고력과 추론 능력이 뛰
> 어나며, 고난이도 문제도 도전적으로 해결하는 것을 즐기며, 수업에
> 대한 집중력과 준비성이 뛰어나 자기주도적 학습 관리 능력이 탁월하
> 여 수학 분야에 연구자로서도 많은 발전이 기대됨.
> 수학에 깊은 관심이 있으며 교내 수학 경시대회에 참가하여 우수상을
> 수상함.(2012.11.20)

가장 큰 문제가 무엇일까? 바로 수업과 관계된 내용이 아무것도 기술되지 않았다는 점이다. 수학 경시대회 장려상, 우수상 수상 등의 실적이 평소 수업 때 어떤 태도와 연결되는지 아무 맥락이 없다. 이런 내용은 수상 내역에 다 있는 것이다. 기본 개념, 수학적 사고력, 추론 능력, 자기주도적 학습 관리 능력까지 좋은 말은 다 갖다 썼는데 정작 읽고 나서 평가자는 고개를 갸우뚱하게 만든다. 극상위권 학생의 학생부 같은데 많은 발전이 기대된다면 그보다 못한 학생들의 학생부에는 어떤 내용이 적혀 있을지 궁금하기만 하다.

몹시 뛰어난 성실한 학습자세와 주도면밀한 탐구력 및 매우 신뢰할 만한 과제수행능력을 가짐.

미적분과 통계기본 : 이번 학기 최고의 학생 중 한 명이었습니다. 너무나 아쉽게도 0.08점이라는 정말 근소한 차이로 한 등급이 밀리는 안타까움도 있었습니다만 다음 학기 충분히 최고의 성적을 기대해볼 만한 학생이라 생각합니다. 또한 성적과는 별도로 자신의 진로로 경제경영을 꿈꾸면서 이번 학기 내용인 확률과 통계 부분에서 각별한 열정을 보여주었습니다. 목표를 향한 신념과 열정 또한 대단한 학생입니다.

수학 : 집합의 개수가 4인 벤다이어그램을 그리고, 아인슈타인이 직접 출제한 명제 문제를 풀어냄. 실수와 복소수의 성질을 잘 이해하고, 이항연산에 대한 항등원, 역원 문제와 복소수의 연산 문제를 해결함. 나머지정리와 인수정리를 이용하여 다항식문제를 해결하는 능력이 우수함.

수학 성적 우수자를 대상으로 하는 방과후학교 '수학 심화반'의 구성원으로서 사교육보다는 학교교육의 테두리 안에서 자기주도적으로 학습하고자 하는 의지를 가지고 있음. 논리적이고 합리적인 사고방식과 진중한 수업 태도를 가진 학생으로 문제해결력이 뛰어나 많은 학생들이 어려워하는 문제를 스스로 해결하여 발표하였음. 특히, 해석기하학에 대한 관심과 이해가 깊어 방과후학교 시간에 함수 그래프 프로그램인 'GrafEq'를 활용하여 자신만의 픽토그램을 제작하였으며 'GSP'를 활용하여 여러 가지 함수의 그래프를 시각화하여 나타내었음.

수학은 워낙 중요도가 높고 여러분의 관심도 많을 것 같아 잘된 사례 두 가지를 보여드린다. 문과 학생과 이과 학생의 사례를 하나씩 살펴보자. 앞 사례는 언뜻 보면 그다지 잘 쓴 세특처럼 보이지는 않는다. 가장 중요한 수업과 관련된 일화나 에피소드 질문 같은 것이 드러나지 않기 때문이다. 하지만 학생 입장에서는 대단히 고마운 선생님이다. 왜냐면, 등급으로만 설명되지 않는 요소(아슬아슬한 2등급)을 밝혀주고 자신의 진로와 수업에 어떤 부분이 연관되는지 보여주고 있어서 평가자가 학생을 파악하는 데 도움을 주기 때문이다.

이과 학생을 다룬 뒤 학생부는 장점이 많다. 과학중점학교의 이 학생은 수학 시간에 어떤 개념을 잘 이해했고 어떤 문제를 잘 해결했는지 명료하게 설명한다. 방과후학교도 해석기하학, 함수의 그래프 등 무엇에 관심이 있고 성취도가 어떤지 잘 소개하고 있다. 좋은 세특이다.

## (4) 사회



시민윤리 : 윤리적 개념에 대한 이해도가 높고 가치 판단력이 우수함.



한국사 : 세종의 리더십에 대한 보고서를 쓸 때에도 주어진 책뿐만 아니라 다른 관련 도서까지 더 참고해서 작성하는 열정이 있는 학생이었습니다. 특히 다산 정약용에 대한 창의적 레포트 숙제에 대하여 다산신문을 제작하였는데, 「속보: 정조대왕 서거하다」, 「집중탐구: 정약용의 유배생활」, 「특집: 부자간의 아름다운 편지」, 「담론: 정약용, 그에 대해 솔직히 말할 수 있다(by 정약종, 정약전, 황사영, 혜장선사)」, 「다산의 시」 등으로 구성하여 양적인 측면이나 질적인 측면에서 제일 치밀하고 정성스럽게 만들어왔습니다. 평소부터 자신이 목표로 하는 것이 있으면 대충하는 것이 아니라 성의를 다하고 스스로의 고민을 담아서 달성하고자 하는 강한 의지가 있는 매우 뛰어난 학생이라고 판단됩니다.

두 케이스는 정말 극명하게 대비된다. 딱 한 줄이다. 개념 이해도가 높다. 판단력이 우수하다. 어떤 근거인지에 대해서는 전혀 언급이 없다. 이렇게 써줄 바에는 안 써주는 게 낫지 않을까라는 생각이 들 정도다. 가치 판단력과 관련된 기술은 세부 능력이 아니라 행동 특성에서 담임선생님이 써줄 덕목 아닐까?

반면 뒤 학생은 어떤가? 마치 옆에서 친근하게 말을 거는 것 같다. 그리고 구체적으로 생생하게 일화 중심으로 써주고 있다. 세종의 리더십에 관한 리포트라는 하나의 사례로 국사 과목에 대한 열정과 호기심과 독서력, 기획력 등을 동시에 보여주고 있다. 이 학생의 사전에는 '대충'이란 단어가 절대 없을 것 같은 느낌이 든다.

## (5) 과학

**BAD 사례**

> 물리 I : 물리에 대한 관심이 많고 창의력과 관찰력이 우수하며 자기주도 학습 능력이 매우 우수함.

생명과학 I : 우리 몸의 내분비샘에서 분비되는 호르몬의 이름과 기능을 완벽하게 이해하고, 뇌하수체 전엽은 다른 내분비샘을 자극하여 호르몬의 분비를 조절하는 기능을 가지고 있다는 것을 정확하게 인지하고 있음. 어려운 과학 과목에 잘 적응하여 성실히 수업에 참여함. 수업이 시작되기 전 항상 자리에 앉아 교과서를 펴놓고 있는 모습이 매우 보기 좋으며 수업에 임하는 자세가 바람직함. 수업에 집중하여 설명을 듣는 태도와 중요한 핵심사항을 놓치지 않으려는 적극적인 자세 또한 타의 모범이 됨.

두 학생의 학생부도 극명하게 대조를 이룬다. 앞 학생은 물리를 아주 잘하는 학생으로 기계공학과를 가려고 하는데 세부 능력 및 특기사항은 단 한 줄이다. 창의력과 관찰력이 어떤 점에 우수한지 근거가 없다. 물리에 대한 관심이 드러난 사례도 없다.

반면 뒤 학생의 학생부는 어떤가? 무엇을 배우고 무엇을 이해했는지 잘 드러나고 있다. 그리고 수업에 임하는 태도도 인상적이다. 수업이 시작되기 전에 교과서를 펴고 선생님을 바라보는 학생의 눈망울이 선하지 않는가.

## (6) 기타 과목



미술 : 전반적 미술 표현 능력이 훌륭하고 형태를 이루는 기본 조형 요소에 대해 정확히 이해하며 표현 능력이 남다름.

(1학기) 음악 : 음악수업에 열의가 있고 적극적인 학습태도를 보이며 가창능력이 좋음.

(2학기) 음악 : 음악수업에 열의가 있고 적극적인 학습태도를 보이며 가창능력이 좋음.



미술 : 미술에 남다른 소질과 흥미가 있고 수업 집중도가 높아 2학기 2차 고사 지필평가 100점을 획득하였음. 캐릭터 그리기, 전각 새기기 등 다양한 실기 수업시간에 매우 독창적이고 완성도 있는 작품을 제작하였음. 특히 전각 실기 시간에는 실용성과 작품성을 고려하여 우수한 작품을 제작하였음.

기술가정, 한문, 제2 외국어, 음악, 미술, 체육 같은 과목은 써주는 선생님이나 학교가 있는 반면 그렇지 않은 학교도 많다. 써주려면 제대로 써야 한다. 형식적이라면 안 쓰느니만 못하다. 앞 학생부는 형식적인 세부 능력 특기사항의 전형을 보여주고 있다. 열의가 있고 적극성을 보인다고 쓰면 대학들이 그대로 믿을까? 물론 기타 과목은 대다수 수험생에게 그다지 중요하지 않을 수도 있다. 하지만 일부 학생에게는 아주 중요할 수도 있다. 예체능 지원자나 신문방송학과, 연세대 테크노 아트 학부, 서강대 아트 앤 테크놀러지 학부 같은 곳이 그렇다. 만약 의대를 희망하면서 특기 또는 흥미에 음악 연주 혹은 감상이라고 썼다면 입학사정관들은 예체능 과목의 세부 능력도 궁금해할 가능성이 높다.

뒤 학생부의 세부 능력은 예체능 지원자가 아님에도 지원자를 파악하는 데, 그것도 긍정적으로 파악하는 데 도움을 준다. 이 학생부는 비록 예체능 지원자는 아니지만 성실성과 우수성과 예술에 대한 조예가 드러나도록 잘 써주었다. 지필 평가 100점으로 우수성의 근거를, 다양한 실기에 적극 참여했음을 통해 성설성을, 전각 실기 시간을 통해 미술에 대한 조예가 깊음을 보여주고 있는 학생부다.

참고로 모든 교과목은 지필 평가 외에 수행평가 부분도 인상 깊게 써주면 좋은 평가를 끌어낼 수 있다. 다음 사례를 보자.

문학Ⅱ : 가전체 소설 쓰기 수행 평가에서 빵집 브랜드를 역사적 인물처럼 의인화한 '빠바선생전'을 통해 맛있는 빵을 만들어 많은 국민들의 입을 즐겁게 해주고, 보다 싼 가격에 빵들을 구입할 수 있게 해준 대기업 프렌차이즈 빵집의 그의 공로(功勞)는 마땅히 인정받고 드높임 받아야 하지만 반면에 경쟁적으로 매장을 늘리면서 동네 빵집상권을 무너뜨린 독과점의 폐해에 대한 우려를 우회적인 수법을 통해 참신하게 지적하였음.

국문과를 진학하려는 학생, 카피라이터가 되는 게 꿈인 학생이라면 이 경험은 자신의 창의성을 보여줄 수 있는 좋은 사례로 기억될 것이다. 국어 과목 혹은 신문방송학과 지원자뿐 아니라 모든 과목에서 수행평가를 주목해야 하는 이유는 앞으로 학생부종합전형에서 사고력과 창의력의 비중이 높아질 것이기 때문이다. 지필 평가보다는 수행평가를 통해 자신의 사고력과 창의력을 표현하기가 훨씬 수월한 법이니까 말이다.

## 2. 방과후학교



방과후학교 물리 I 수능특강(2013.07.22~08.02), EBS자기주도학습

반(2013.07.22~08.02) 수강

---

2012.3.5(월)~2012.7.13(금) 1학기 야간자율학습에 성실히 참여하여 자

기주도적 학습에 모범이 되었음을 인증함.(2012.7.20/분포고등학교장)

많은 학교에서 방과후학교와 야자 기록을 세부 능력 및 특기사항에 올려놓고 있는데, 이렇게 충격적이다. 무의미의 극치이기 때문이다. 야자에 성실히 참여한 게 자기주도학습의 증거가 될 수 있을까? 물론 그 시간에 학원을 다니지 않아서 사교육을 받지 않았다는 증거가 될 수는 있겠지만 그렇다고 그것이 진정한 자기주도학습일지는 모르겠다. 어떤 점에서 야자가 자기주도학습이었는지 성과나 결과를 써주었다면 좋아졌을 것이다. 앞 학생은 어떤가? EBS 수능 교재 수업 받은 것이 전부다. 구체적으로 어떤 걸 배웠고 어떤 성취도를 이루었는지 전혀 정보가 없다.

『경제학 콘서트』(팀 하포드)를 통해 경제학의 기초 개념(희소성, 완전 경쟁시장, 가격탄력성, 가격차별화, 시장실패, 정부 실패 등)들이 세상의 모든 측면에 적용될 수 있음을 깨달음. 또한 일상생활에서 발견할 수 있는 경제학적 사례를 논함으로써 보다 경제학을 쉽게 이해할 수 있는 기회를 가짐. 논문 주제 설정 방법, 자료조사 및 정리 방법, 논리 전개 방식, 편집 양식, 참고문헌 작성법 등을 익혀 문학 작품에 나타난 사랑의 다양한 유형이라는 주제로 논문을 작성하고 이를 PPT로 제작하여 발표함.

실제 서울대 지원자의 사례다. 서울대 입학사정관은 이렇게 총평을 달고 있다.

수업에서 보여준 학생의 다양한 활동 기록이 인상적이다. 학생이 무엇을 어떻게 하였는지 모든 교과에서 자세히 기록하고 있다. 문학 세부 능력 및 특기사항은 문학 시간에 논술 수업을 한 것으로 추정된다. 학생부의 다른 항목과의 연관성을 확인할 수 없다는 점이 아쉽다.

이 학생은 학교 수업에서 경제에 관심이 많은 듯한데 학교 정규 과목 시간에 경제가 개설되어 있지 않은 관계로 경제학 관련 책으로 공부하는 방과후수업을 들은 것 같다. 그리고 논문을 썼는데 논문에 대해서 공부하는 시간이 방과후에 있었다는 게 확인된다. 방과후학교는 이처럼 정규교과 시간에 부족했던 것을 보완하고 부족한 전공 적합성과 학업 역량을 증명하면서 사교육에 의존하지 않고 자기주도학습을 통해 이뤄냈다는 사실까지 어필할 수 있다. 방과후학교 세부 능력 및 특기사항은 잘 쓰면 일석삼조가 될 수 있는 것이다. 또 한 가지 사례를 살펴보자.

**GOOD 사례**

> 방과후학교 특기적성_생활과학반 : 힉스 입자를 주제로 한 심층 탐구 과정에서 관련 전공서적, 인터넷 등을 통해 자료를 조사하고 어려운 용어가 있을 경우 자신만의 언어로 이해하고자 노력하는 능동적인 태도를 보였으며, 힉스 입자에 대한 다양한 자료를 일목요연하게 정리하여 보고서를 작성함. 또한 나무젓가락 다리 만들기 활동에서 사전 설계도와 같이 작품이 만들어지지 않아 모둠원들이 포기하고자 할 때 끝까지 포기하지 않고 모둠원들을 다독이며 작품을 완성하고자 하는 적극적인 태도를 보임.

문과 사례를 보았으니 이번에는 이과 학생의 방과후학교 사례를 살펴보자. 방과후는 교과를 뛰어넘어 심화학습과 우수성을 보여줄 수 있는 좋은 기회라고 말했는데, 바로 그런 케이스다. 궁금증-자료 혹은 문헌조사-보고서 작성이 서울대가 좋아하는 지적 심화의 한 면모라면, 실험이나 제작 활동에서 만난 어려움에 어떻게 대처했는지가 드러나고 그 과정에서 적극성과 리더십을 발휘하면 서울대가 좋아하는 학업 외 소양도 증명되는 것이다. 물론 이 모든 평가가 방과후학교 하나만으로 귀결되는 것은 아니고 다른 활동과의 유기적 연관관계 속에서 드러나야 한다. 수시 부분에서 자세히 말한 바 있다.

## 3. 학교 특색 프로그램

**BAD** 사례

Thinking-Up Program(논리적 사고력 증진 프로그램) : 다양한 서적을 접하고 논리적인 글쓰기를 통해 비판적 사고력 및 논리력을 향상시키고자 하는 프로그램에 적극적으로 참여. 구체적으로 '히잡 착용을 문화상대주의적 입장에서 허용해야 하는가?', '증세와 복지확대에 대해 찬성하는가?', '독일의 영업시간제한법을 둘러싸고 야기된 국가의



학생부 합격의 법칙

개입과 개인의 자율성 침해에 대한 입장차이'라는 찬반논쟁 유형의 논
제와 '정년연장법의 문제점과 해결방안'이라는 대안제시형 논제 등 최
근 논의되고 있는 이슈들에 대해 여러 차례 글을 쓰고 첨삭을 받음(교
사 ○○○ 외 9인).

GOOD 사례

작가와 작품 특강[2012.10.13~2013.02.05] : 한 편의 시를 읽고 그 시
의 창작 동기와 시를 엮은 과정을 창의적으로 유추하여 발표하는 수
업임. 학생은 창의적 이야기 구성에 관심이 많아 이 특강에 참여하면
서 서정주의 「귀촉도」를 읽고 창작 동기를 창의적으로 구상하여 발표
하였음. 또한 다른 친구의 발표를 듣고 원 작품과 대비하여 논리적 관
계와 개연성 그리고 작품 구성에 대해 문제를 제기하는 모습도 돋보였
음. 학생이 구상한 이야기를 토론을 통하여 평가한 후 수정하여 자료
집인 『두터운 세계로 가는 길』(제6호)에 실었음.

학교 특색 프로그램은 주로 주말이나 방학 기간에 개설된다. 물론
정식 과목이 아니기에 성적이 나오지는 않는다. 학교 독자적으로 운

영하는 경우가 많지만 교육청의 계절학기 형식으로 여러 학교가 함께 운영하는 경우가 많다. 또 때로는 대학이 운영 주체가 되는 경우도 있다. 대학이 운영하는 캠프나 대회는 학생부에 적을 수는 없지만 대학이 방학기간에 운영하는 특강 프로그램인 UP(대학과목 사전 선 이수제)는 학생부에 기재 가능하다. 이 학교는 자체적으로 프로그램을 운영하고 있다. 두 프로그램의 차이, 아니 두 프로그램에 참여한 학생의 학생부의 차이가 무엇인지 살펴보자. 아마 보자마자 아실 것 같다.

앞 사례에서는 토론 주제만 나열되어 있을 뿐 적극적으로 참가했다는 증거가 없다. 여러 이슈에 대해서 글을 쓰고 첨삭을 받았다지만 정작 중요한 이슈에 대한 생각은 없다. 이 프로그램에 참가한 모든 학생의 학생부에 이런 식으로 기술되어 있을 것 같다는 인상을 지울 수가 없다.

반면 잘된 사례로 인용한 케이스는 어떤가? 어떤 학생인지, 무엇에 관심이 있고 어디에 강점이 있는지 학생이 잘 드러나고 있다. 동기와 과정, 결과(자료집 출간)까지 들어갈 건 다 들어가 있다. 이 학생은 상대적으로 국어 과목, 특히 문학 과목이 강한 학생으로서 독서 활동도 문학 쪽으로 비중이 많이 쏠려 있었다. 입학사정관들은 그럴 만한 이유가 있다고 판단할 것이다.

# 독서 활동

독서 활동은 학생부종합전형에서 현재보다는 앞으로 중요해질 항목
이라고 말한 적 있는데, 기억나는가? 공통적으로 피해야 할 사항을 지
적하고 요소별로 우수 사례를 1~2개씩 보여드리겠다. 요소란, 앞서
말씀드린 대로 학생부종합전형의 5대 평가 기준인 전공 적합성, 학업
역량, 인성, 창의성, 경험 다양성이다. 읽게 된 계기나 동기, 책에서 강
하게 인상받은 부분, 책의 핵심 내용에 대한 자신의 생각, 자신의 진로
나 삶에 미친 영향 등을 적어야 한다. 몇 권의 책을 묶어서 쓸 수도 있
고 책 한 권마다 따로 정리할 수도 있다.

독서 활동은 특히 서울대 입시에서 중요하다. 지난 해 서울대 영문
과에 합격한 숙명여고 학생의 학생부 독서 활동은 추천서를 써준 영
어 선생님이 '이 학생 합격하겠구나' 확신할 정도로 인상적이었다고

한다. 언론(「강남서초 내일신문」 2016년 6월 2일자)에 공개된 학생부 중 일부를 인용한다.



* 2학년 때 읽은 『Demian』과 『Siddhartha』(Hermann Hesse)'를 비교하여 둘의 차이를 생각해 봄. 둘의 세계관은 만물이 하나라는 입장과 빛과 어둠으로 양분된다는 입장으로 나뉘는데, 이를 동서양의 차이로 이해함.

* 『King Lear』(William Shakespeare)'를 읽고 1학년 때 읽은 『Hamlet』과 관련지어 두 희곡에서 madness의 역할에 대해 생각함. 인물이 미친 상태에 빠질 때 오히려 인물의 심리와 상황에 대한 풍자가 직접적으로 드러나는 것을 볼 때, madness가 인물의 심리를 더 보여줄 수 있도록 설정된 장치라고 판단함.

이 학생의 독서 활동 상황을 보면 '~를 본 후 ~를 읽음', '~와 ~를 비교하여', '~와 관련지어' 등의 문구가 많다. 독서를 통해 지적 호기심과 지식의 확장과 심화를 이보다 잘 보여주는 사례가 있을까 싶다. 이 학생부의 또 한 가지 강점은 임팩트다. 바로 키워드의 힘이다.

   학생부 합격의 법칙

데미안과 싯다르타를 하나로 묶는 '세계관', 리어 왕과 햄릿을 잇는 'madness'. 딱 하나의 키워드로 선명하게 자신의 전공 적합성(데미안과 싯다르타는 물론 독일 소설이지만 영어 제목으로 보아 영문으로 읽었음을 알 수 있다)과 지적 깊이와 흥미와 역량을 동시에 드러낸다. 이 독서 활동만으로도 이 학생은 읽고 생각하는 행위 속에서 스스로 의미를 발견해갔구나라는 느낌을 줄 수 있다.

이 학생의 사례를 언론에 공개한, 이 학생의 추천서를 써주신 선생님도 이 학생의 강점을 잘 간파했다. 대체로 이런 내용으로 써주셨다고 한다.

**GOOD 사례**

> "같은 책을 다른 버전으로 읽어보기도 하고 비슷한 듯 다른 주제의 책을 비교하기도 하고 한 저자의 서로 다른 책에서 서로 다른 주제와 입장을 비교분석하기도 하는 등 그 나이에 비해 상당한 독서력을 보임. 또 모의면접 때 셰익스피어 『햄릿』의 독백을 여러 구절 암송하는 것을 우연히 보고 문학에 대한 열정을 느낄 수 있었음."

학생의 학생부에서 역량과 열정이 고스란히 느껴지기에 이 추천서를 쓴 사람을 만나지 않았어도 이 선생님이 거짓 혹은 과장하지 않는다는 신뢰감을 준 것이 합격의 요인이라고 생각한다.

참고로 지난해 숙명여고에서 서울대 수시 합격자가 5명이었는데 모두 문과였다. 이과는 단 한 명도 합격하지 못했다. 세상의 모든 학교들이 이과 중심으로 돌아가도 강남의 여고는 여전히 문과 중심으로 돌아가고 있다는 증거이다.

이제 잘못된 예시를 보자. 최악부터 차악, 차차악 순으로 살펴볼 텐데 여러분이 직접 문제점을 찾아보기 바란다.

**BAD 사례** 최악의 사례 : 공백

| 학년 | 과목 또는 영역 | 독서 활동 상황 |
|---|---|---|
| 1 | | |
| 2 | 국어 | (1학기) 『엄마를 부탁해』(신경숙)를 읽고 |
| | 과학 | (1학기) 『이기적 유전자』(리처드 도킨스)를 읽고 |

이 사례의 문제점은 한 학년의 독서 활동 상황이 공백으로 되어 있다는 점이다. 물론 한 권도 안 읽었을 수도 있고 다른 이유로(예컨대 학교 행정 착오) 못 올라갔을 수도 있다. 중요한 사실은 학생의 1학년 독서 활동을 평가할 수가 없다는 점이다. 심지어 1학년 때 책을 2학년 때 쓰는 경우도 있다. 물론 두 번 읽었다면 경우가 다르다. 첫 번째 읽었을 때와 두 번째 읽었을 때 차이를 쓰면 되는데 내 경험상 대부분 이런 경우는 똑같다. 역시 최악의 평가를 벗어나기 어려울 것이다.

그보다 조금 나은 사례를 살펴보자. 우선 책을 안 읽고 대충 쓴 티가 너무 난다.



① 『그들이 말하지 않는 23가지』(장하준)를 읽고 자본주의가 무엇인지에 대한 정보를 얻음.

② 『숫자의 이면을 귀신같이 읽는 힘, 통계센스』(가도쿠라 다카시)를 읽으며 관심 분야에 대한 지식을 확장시킴.

③ 『스캔들 세계사』(이주은)를 읽고 몰랐던 세계사의 여러 이야기들을 알게 되어 흥미를 느꼈으며 세계사에 관심을 가지게 됨.

④ 『명량』(김호경)을 읽고 이순신 장군의 전투력과 애국심에 큰 감명을 받았으며 존경심을 가지게 됨.

이 네 가지 기술을 보면 이 학생이 책을 읽었는지부터가 의심된다. 맨 먼저 천편일률적이다. 이순신 장군에게 존경심을 가졌다라는 문장에서 초등학생 학생부를 보는 느낌이 들지 않는가? 제대로 쓴다면 분량이 받쳐주어야 한다. 분량이 안 되면 책 몇 권을 묶어서 써주면 좋다. 그런데 그렇게 문제가 해결될까? 다음 사례를 보자.

『주홍글씨』(너새니얼 호손), 『메밀꽃 필 무렵』(이효석), 『옹고집전』(이 강엽), 『햄릿』(셰익스피어) 등 다양한 주제의 소설 읽기를 좋아하고 이를 통해 다양한 분야의 책을 읽는 습관을 기르고자 노력함.

책에 대한 언급이 전혀 없이 느낌만 있다. 보면 알겠지만 책 제목과 책에서 받은 느낌과 소감이 전혀 따로 논다. 다양한 분야의 책을 읽는 습관을 기르고자 노력했다면 굳이 이 책들이 아니더라도 상관이 없다. 무의미한 기록이다. 아뿔싸! 묶어서 쓰더라도 책 이야기를 꼭 해야 겠구나. 이렇게 생각한 것이구나 한다면 다음 사례는 어떤가? 지나치게 베스트셀러에 의존한 예시다.



『꿈꾸는 다락방』(이지성)을 읽고 꿈꾸면 이루어진다는 책의 메시지를 통해 성공의 의미에 대해 생각해보는 기회를 가짐. 『미움받을 용기』 (기시미 이치로)를 읽고 사람들과의 관계 속에서 모든 사람들에게 사 랑을 받아야 한다는 생각에서 발생하는 문제를 극복하기 위해서는 미

『미움받을 용기』나 『꿈꾸는 다락방』 모두 베스트셀러로 많은 학생들이 읽고 쓰는 책이다. 그러나 성공의 의미나 사람들과의 관계 속에서 미움 받을 용기가 필요하다는 사실은 베스트셀러의 메시지를 기계적으로 무비판적으로 받아들인 결과라고 할 수 있다. 베스트셀러는 쓰더라도 남과 다르게, 다른 시각을 드러내는 게 좋다. 이제 잘된 사례들을 살펴보러 가자. 먼저 전공 적합성을 드러내는 방법부터 알아본다.

## 1. 전공 적합성

문과 사례를 먼저 살펴보고 이과 사례를 보자.

**GOOD** 사례

『머니볼』(마이클 루이스)을 읽고 실제 주인공의 삶과 자신의 삶을 비교해보며 성찰하는 시간을 갖기도 함. 또한 편견을 이겨내고 고정관념

을 가진 이들에게 더 나은 성과로 복수하는 주인공의 모습을 보며 고
정관념에 대한 생각을 고칠 수 있도록 생각을 달리하고자 노력함. 그
뿐만 아니라 주인공을 롤모델로 삼아 스포츠구단 단장의 꿈을 키우게
됨.『메이저리그 경영학』(제프 앵거스)을 읽고 야구와 경영학 사이의
관련성에 대해 곱씹어보고 깨달음을 통해서 경영학에 대해서 조금이
나마 쉽게 접근할 수 있게 됨. 또한 관련성이 없을 것만 같은 것들 사
이에서도 관련성을 찾을 수 있다는 것에서 모든 일들을 함에 있어서
가벼이 보지 않고 열심히 해야 한다는 것을 깨우치게 됨.



(1학기) 소록도 봉사 활동 후 한센병에 관심을 갖게 되어 소록도 병원
을 배경으로 한『당신들의 천국』(이청준)을 읽고 한센인의 아픔에 공
감하고 천국의 진정한 의미를 고민해 보았음. 의학 분야에 관심이 많
아『닥터스 씽킹』(제롬 그루프먼)을 읽고 의사의 일상과 생각 등에 대
하여 분명히 알게 되었으며 자신의 관심 분야를 더욱 구체화함. 또한
『지구의 절망을 치료하는 사람들 - 국경 없는 의사회 이야기』(댄 보르
노로티),『장기려, 그 사람』(지강유철) 등 의사의 진지한 삶을 다룬 책

> 을 읽고 감동받음. 학교 수업시간에 화학에 대하여 배운 기초 지식에
> 대한 실험들에 대하여 궁금증이 생겨 『실험에 미친 화학자들의 무한
> 도전』(필립 볼)을 읽음.

앞 학생은 경영대를 희망하고, 뒤 학생은 의대를 희망한다. 경영대 희망 학생의 독서 활동을 보면 스포츠 경영학에 관심이 많으며 이쪽 분야에 대한 지식 또한 상당하다는 사실을 파악할 수 있다. 그리고 관련성이 없는 것들 사이에서 관련성을 찾았다는 점에서 창의성도 증명된다. 고정관념에 대한 생각을 버리자, 매사에 열심히 하자 등의 삶의 가치관과 책을 연결시킨 점은 인성을 부각시킬 수 있는 방법이다. 궁극적으로는 전공 적합성을 잘 보여준 사례라고 할 수 있다.

뒤 학생은 봉사 활동을 굉장히 많이 한 학생이다. 특히 한센병 환자들과 직접 만나 봉사한 경험은 의미를 부여할 만하다. 그래서 읽은 책이 이청준의 『당신들의 천국』이다. 의사라는 직업이 천직이라는 생각을 한 뒤 계속해서 의사로서의 긍정적 상(이미지) 구축에 도움이 되는 책들을 찾아 읽는 과정에서 지적 편린도 보여주고 있다. 전공 적합성에 지적 호기심도 같이 드러내주는 좋은 학생부다.

## 2. 학업 역량 : 교과 관련 심화 학습의 경험 드러내기

이번에도 문과 사례를 먼저 살펴보고 이과 사례를 본다.

**GOOD 사례**

'5. 작문의 과정과 방법' 단원을 배운 뒤 심화학습을 위해『글쓰기 필수 비타민 50』(김상우)을 읽음. 또한, '6. 문학의 개성과 소통' 단원을 배운 뒤『딸아, 외로울 때는 시를 읽으렴 1』(신현림),『열하일기』(박지원),『구해줘』(기욤 뮈소),『소나기』(황순원) 등 다양한 문학 작품과 문학 평론집을 읽으며 심화 학습을 스스로 찾아서 함.

그 중에서『무정』(이광수)을 가장 흥미롭게 읽음. 문학시간에 이광수 문학의 특징을 공부하면서 흥미를 느꼈기 때문임. 조선후기~애국계몽기에 새로운 국가체제를 찾기 위해 고민하는 젊은 지식인들의 모습이 인상적이었고, 그 해결방안을 '근대과학교육'에서 찾은 것이 인상적이었음. 이광수의 바람대로 과학교육이 주를 이루는 우리 사회의 문제점이 무엇일지, 과학교육의 문제점과 관련된 책을 읽어보기로 다짐함.

(2학기)『물리학자는 영화에서 과학을 본다』(정재승) SF영화에는 우

리가 알지 못했던 많은 오류가 있고 과학이 우리 생활과 밀접한 관련이 있다는 것을 알게 됨. 책을 읽은 후 독후감을 써서 과학 독후감 작성 대회에서 동상을 수상함. 같은 저자의 책인 『정재승의 과학 콘서트』(정재승)를 더 찾아 읽음. 자신의 진로 탐색에 많은 도움을 받게 됨.

학교 수업 시간에 무한 집합에 관한 내용을 배우다가 무한이라는 개념에 흥미를 느껴 『신에 도전한 수학자』(가우라브 수리, 하르토시 싱 발)를 읽게 됨. 기하학에는 유클리드 기하학뿐만 아니라 비유클리드 기하학 역시 존재함을 알게 됨. 비유클리드 기하학을 이해하면서 수학은 깊고 넓은 학문이라는 사실을 깨닫게 됨.

일상에서의 수학을 발견해내는 『수학 시트콤』(크리스토프 드뢰서)을 읽고 수학이 이해하기 힘든 공식의 집합이 아닌, 맥락과 상황이 있는 재미난 이야기가 될 수 있음을 인지함. 학교 수업시간에 배운 명제의 참과 거짓을 책 내용과 함께 연관 지어 추리하며 독서함.

앞 학생부는 책 목록만 제시되어 있지만 국어 과목에서 심화학습을 하고 있음을 보여준다. 이광수의 『무정』을 통해서 과학교육의 문제점

까지 파고들었다. 과학교육과를 지원하는 학생이었기에 이 학생부는
학업 역량 외에 전공 적합성까지 보여준 사례로 평할 수 있다.

뒤 학생은 무한, 명제의 참과 거짓 등을 수업 시간에 배운 후 도서
관으로 달려갔다. 새로운 개념에 대해서 눈을 뜨고 수학이라는 학문
이 어떤 학문인지 드디어 깨달음을 얻는 순간, 지적 희열을 맛보았음
을 알 수 있다. 정재승 교수의 과학 책으로 독후감 대회에서 상 받은
건 어떤가? 학교생활을 충실히 했다는 증거로도 읽을 수 있다.

이번에는 영어 역량을 보여줄 사례를 보자.

**GOOD 사례**

여러 가지 영어 원서들을 꾸준히 읽음. 우선 『Da Vinci Code』(Dan
Brown)를 통해 서양 문화의 예술, 종교적 기원과 가치에 대해 인식함.
또한 『Inferno』(Dan Brown)를 읽으며 서양 중세 시대 역사를 익히고,
여러 가지 영어 단어의 흥미로운 어원들을 익힘. 다음으로 『Steve Jobs
: American Genius』(Amanda Ziller)를 읽으며 스티브 잡스의 인생 여
정 및 IT 분야에서의 여러 업적들을 살피고 새로운 사실들을 익힘. 앞
으로 자신의 진로에서도 지녀야 할 바람직한 사고방식에 대해서 다시
생각함. 또한 평소에 잘 모르던 IT 기술 관련 영어 용어와, 기술의 개
념 자체에 대한 지식을 쌓음.



학생부 합격의 법칙

수능 영어가 절대평가로 전환되고 토플 텝스 등의 영어 인증 점수
가 원천적으로 입시에서 배제되면서 영어 실력을 학생부에서 찾고자
하는 대학들이 늘었다. 대학에서 공부할 때 영어가 필요한 경우는 주
로 독해, 영어 원서 읽기다. 영어 원서 읽기를 통해 자신의 영어 실력
을 뽐낼 수 있다. 역사와 어원 등을 탐구하며 재미있게 영어를 공부했
다는 사실이 뛰어난 영어 독해력과 함께 드러나지 않는가? 한 가지
장점이 더 있다. 이 학생은 IT 관련 기술 용어들을 익혔다는 점에서
전공 적합성도 키울 수 있다.


## 3. 경험 다양성

GOOD 사례

(1학기) 『인문의 바다에 빠져라』(최진기)
평소 어렵게만 생각하던 인문학 분야의 책을 실제 사례를 들어 설명해
주는 내용을 통해 보다 편하게 이해할 수 있었음. 특히 사회문화 시간
때 배웠던 학자들의 사상을 구체적으로 파악하게 되면서 학자들의 기
본 이론에 대해 이해하게 됨. 범죄자의 교화에도 실제 사용되는 인문
학 분야에 좀 더 많은 관심을 가져야겠다고 생각함.

무엇을 다양한 경험이라 할 수 있을까? 두 가지가 가능하다. 문과생이 과학 책을, 이과생이 예술 책을 읽는 것이다. 또 한 가지는 책을 통해서 세상에 대한 견해를 표출하는 것이다. 고등학생이지만 자신이 학교를 졸업하고 만날 세상과 대화를 하고 있다는 인상을 줄 때 얻을 수 있는 점수라고 생각하면 된다. 앞 학생부는 전자를, 뒤 학생부는 후자를 대표한다. 스포츠 과학에 관심이 많지만 인문학에도 관심을 가져야 된다고 생각해서 최진기 강사의 책을, 세상 속의 나에 대해서 생각해보는 계기를 가졌다는 점에서 강신주 박사의 책이 의미가 있었음을 알 수 있다.

(2학기) 평소 '어떻게 살 것인가'라는 치열한 관심과 고민의 일환으로 『아침형 인간』(사이쇼 히로시), 『십대답게 살아라』(문지현) 등을 읽고 밤 위주의 생활 습관을 지양, 아침형으로 변신하여 상쾌하고 개운한 하루의 시작으로 효율적인 시간 관리를 하겠다는 생각을 하였으며 지나온 삶 속에서 다른 사람들에게 지나치게 냉정하고 냉철하게 비치지는 않았는지를 반성하고 남들에게 편안함과 너그러움을 주는 재미있고 활기찬 삶을 살겠다는 깨달음을 얻음.

(1학기) 평소 생태학에 대한 관심이 많아 관련 서적을 즐겨 읽음. 한 생태학자가 세계 각국의 동물원을 돌아다니며 동물 사육 상태를 기록한 책인 『동물원 동물은 행복할까』(로브 레이들로)를 읽고 야생 상태와 동물원 상태를 구분하고 환경이 좋지 않은 동물원을 신고하여 그곳의 동물을 보호하는 방법까지 제시하고 있어 많은 사람들이 동물 보호에 힘을 쓸 수 있도록 도움을 줌. 또한 동물원의 문제의 심각성을 느끼고 우리나라 동물원의 문제도 인식하는 계기가 됨. 『기생충 제국』(칼

짐머)을 읽고 기생충이 생각보다 복잡한 방법으로 삶을 살아가는 것을 알게 되어 기생충의 연구 가치를 느낌. 『동물들의 생존게임』(마르쿠스 베네)을 읽고 사막데스에더와 푸른혀도마뱀의 관계에서 사막데스에더가 푸른혀도마뱀을 사냥하는 방법이 푸른혀도마뱀의 위급 상황에서 쓰는 방법과 유사해서 인상적이었으며 수많은 생명체들이 살아가기 위해 상식 이상으로 다양하고 특이한 방법을 사용한다는 것을 깨달음.

책으로 인성은 어떻게 증명할 수 있을까? 습관과 연결해 성실성을 보여주는 방법이 있을 수 있다. 또 봉사 활동과 연계시켜 감동을 두 배로 늘릴 수 있다. 앞 학생은 올빼미형 인간이었나 보다. 자신의 생활 습관이 문제라는 것을 책을 읽고 깨닫고 고치려고 노력했다. 효율적인 시간 관리에서 시작해 다른 사람에게 너그럽게 비치도록 자신을 바꾸자고 했다는 점도 높이 살 만하다.

뒤 학생은 생태학자가 꿈인데, 야생동물 구조 봉사를 많이 했다. 이런 학생들은 학생부 독서 활동에서 지적 호기심을 조금만 보여주어도 두 배 세 배의 감동으로 돌아오는 경우가 많다. 동물을 정말 사랑하는 학생이라는 생각이 들지 않는가? 대견하고 기특해 보인다. 수의대나 생태학과 학생의 학생부에는 이런 식의 내용이 들어가면 자연스럽게 인성과 전공 적합성을 동시에 보여줄 수 있게 된다.

    학생부 합격의 법칙

# 5. 창의성



> (2013.03.09) 『시계태엽 오렌지』(앤서니 버지스, 민음사)를 읽고 독서 기록문을 작성함. 범죄자들에 대한 처벌이 '법의 복수'에 중심을 두고 있는데, 이 책을 읽기 전까지는 그러한 처벌이 바람직하다고 생각했으나, 이 책을 읽고 모든 인간의 행복 추구권에 대해서 다시 생각하게 되었으며, 범죄자를 사회에 교화시키는 쪽이 바람직하다는 쪽으로 생각이 바뀌었다는 감상을 밝힘.
> (2013.03.20) 『바보 빅터』(호아킴 데 포사다, 한국경제신문)를 읽고 독서 기록문을 작성함. 사람은 우물과 같이 겉으로 보는 모습으로 알 수 없고 그 안에 지하수가 있는지 시궁창이 있는지 자신을 알 수 있듯이 자신에 대해 스스로 믿을 가져야 한다는 취지의 감상을 고등학교 입학 당시 겪었던 고뇌의 경험에 비추어 담담하게 표현함.

이 학생은 어떤 점에서 창의성을 인정받을 수 있을까? 바로 관점 때문이다. 스탠리 큐브릭 감독의 영화로 더 유명한 『시계 태엽 오렌지』는 책을 쓰는 학생이 상대적으로 적은데다 법의 복수가 아닌 행복 추구권으로 접근했다는 관점이 참신하다. 많은 학생이 읽는 『바보 빅

터』는 우물과 시궁창의 비유가 참신하며 이를 자신의 고뇌와 연결시

킨 점이 창의성을 평가받을 수 있는 접근법이다.

    학생부 합격의 법칙

# 행동 특성 및 종합 의견

내용 적을 때, 대체적으로 내용 구성을 다음과 같이 하기 바람.

① 성격 사항 간략 언급 – 침착하다, 차분하다, 성실하다 등

② 학습관련 내용 언급 – 수학과목에 관심을 갖고 ~~~(구체적 내용) 노력을 함. 또한 과학에도 관심이 많아 ~~~ 노력을 함.

③ 인성관련 내용 언급 – 봉사 활동 내용/ 학급, 동아리 장의 역할 내용/ 교우관계에서의 특기할 만한 내용 등 언급 (일화 중심)

④ 총평 – 과장하거나 왜곡하지 말고 솔직하고 정직하게 쓸 것.

⑤ 자신에 대한 평가나 주장을 할 수는 있으되, 반드시 그 구체적 근거를 제시할 것.

모 학교에서 행동 특성 및 종합 의견에 학생들이 적고 싶은 내용을 쓸 때 참조하라고 보낸 내용이다. 이제 합격과 불합격의 갈림길에서 절대적으로 중요하게 작용하는 행동 특성 및 종합 의견을 살펴볼 순서다. 인성과 학업능력으로 크게 나눌 수 있다. 인성도 배려, 나눔, 협력, 갈등 관리, 규칙 준수, 관계지향성 등으로 쪼갤 수 있고, 학업 능력도 잠재력, 자기주도 학습 능력, 진로 등으로 나눌 수 있다. 그리고 이 둘에 끼지 않는 예체능이 있다. 이 모두를 잘못된 예시와 잘된 예시를 비교하는 방식으로 대단원의 막을 내릴까 한다.

행동 특성에는 행동 특성만의 문법이 있다. 본격적인 비교에 들어가기 전에 그 문법에 대해 알아보고 다음으로 넘어가자. 행동 특성은 판단과 근거로 구성되어 있다. 판단 앞에는 수식어로 개인적이란 단어가 붙고, 근거는 앞에 객관적 혹은 구체적이란 수식어가 붙는다. 주관적 판단과 객관적 근거가 세트로 움직이는 것이 행동 특성이다. 리더십이 있다면 '동아리의 장을 맡아 노력함', 이타적 성향이 있다면 '사회복지법인 ~에서 봉사를 정기적으로 함' 하는 식으로 판단과 근거가 나란히 나와주어야 한다.

행동 특성의 여러 요소 중에서 잠재력과 창의성이 근거를 대기가 가장 어렵다. 여러분도 다음 행동 특성에서 개인적 판단과 객관적 근거가 어딘지 구분해보기 바란다.

넓고 깊은 학문적 소양을 바탕으로 인문계열과 자연계열의 학문을 통섭적으로 이해하고 있어, 이과 학생임에도 불구하고 인문계열의 과목에서도 우수한 성적을 거둘 정도로 다방면에 걸쳐 우수한 모습을 보임(여기까지가 개인에 대한 판단). 자연계 R&E 프로그램을 통해 미시생물학에 대한 이해의 폭을 넓히는 한편, 사회 경시대회에 경제학 분야에 응시하여 틈틈이 탐구해온 인문사회학적 능력을 아낌없이 발휘함(구체적 근거 내용).

입학사정관이 보기에는 이 학생이 인문 자연 계열 융합적이라는 선생님의 판단이 중요할까? 아니면 자연계 R&E와 사회 경시대회를 동시에 응시했다는 사실이 더 중요할까? 우문이다. 둘 다 중요하다. 그러면 이제부터 잘된 사례와 잘못된 사례를 비교해보자.

# 1. 인성

## (1) 배려, 나눔

**BAD 사례**

> (나눔) 맡은 구역 청소를 하루도 빠짐없이 열심히 하는 등 매 순간 최선을 다하는 모습으로 보아 앞으로 무궁무진한 발전이 있을 것으로 생각됨.

**GOOD 사례**

> (배려) 자기주도 학습시간 등 자신의 공부 시간에 급우들의 질문을 받아도 상세하게 문제 풀이를 설명해주는 등 남다른 배려심이 돋보임. 학기 말 학급 친구들의 1년간의 활동을 평가하는 자리에서 가장 친구들에게 도움을 많이 주고 선행을 베푼 친구로 선정됨. 특히 항상 웃는 얼굴로 친구들을 대하며, 모르는 문제를 물어보면 친절하고 상세하게 질문자의 수준에 맞게 이해하기 쉽도록 설명해주었으며, 모든 일에 성실히 참여하는 모습이 인상적이었다고 급우들에게 평가받음.

둘을 비교해보니까 어떤 느낌이 드는가? 앞 학생부는 판단과 근거 자체가 불분명하고 연결도 안 된다. 무궁무진한 발전으로 판단한 것인데 그렇다면 그것은 배려나 나눔이 아니라 잠재력일 뿐이다. 그리고 청소를 열심히하는 것과 향후 발전 가능성이 어떻게 매치되는지 모르겠다. 어이없는 학생부라 할 수 있다.

뒤 학생부는 배려심이 돋보인다고 판단했고 그 근거는 상세한 문제 풀이 - 친구들에게 인정받음으로 자연스럽게 그리고 풍부하게 뒷받침된다. 여러분은 행동 특성을 이런 식으로 기술해 달라고 부탁하고, 선생님들은 이렇게 쓰도록 애쓰셔야 할 것이다.


## (2) 협력

**BAD** 사례

> (협력) 영자신문부 활동을 성실히 수행하였으며 신문을 편집하는 활동에 있어서 친구들과 협력하여 적극적으로 활동에 임하여 영자신문 발간에 큰 기여를 하는 등 협력 정신이 뛰어난 학생임.

> (협력) 체육대회 때 팀 전체의 응원을 위한 각종 소품의 기획, 준비하는 데 주도적 역할을 하고, 경기 때는 온 힘을 다해 응원, 선수로서 활동하여 협동정신을 나타내고, 대청소, 야외 체험 활동, 불우이웃돕기 성금, 축제 때의 행사 등에는 관련자와 충분한 의사소통을 하고, 협력하여 학급 전체 구성원 전원이 적극 참여토록 하고, 특히 체험 활동의 준비와 장소 의사결정에서 학급의 좋은 협력관계를 잘 나타냄.

두 사례는 분명 차이가 나는데, 어디서 차이가 발생할까? 둘 다 협력 정신이 있다는 게 판단인데 역시 근거에서 차이가 있다. 친구들과 협력하여 적극적으로 활동에 임한다? 협력하니까 협력한다는 동어반복이고 순환논증이다. 앞 사례와 달리 뒤 사례는 팀 전체 응원을 위해 소품 기획, 경기할 때나 응원할 때나 최선을 다하고 학교 행사 때마다 적극적으로 의사를 표현하고 이 정도면 협동 정신을 충분히 증명했다고 대학이 인정해주지 않을까?

## (3) 갈등 관리

**BAD 사례**

> (갈등관리) 학급 회의에서 급우 간의 의견이 충돌할 때에 조율을 잘했
> 으며, 배구 연습 때에도 화합을 이끌어내는 데 조정자 역할을 잘해서
> 무리 없이 연습하고 대회에 참여할 수 있도록 하였다.

**GOOD 사례**

> (갈등관리) 친구와 오해가 생겨 갑작스럽게 목소리가 커진 상황에서
> 친구의 흥분을 먼저 가라앉히고 사건의 발단부터 차근차근 밝혀 오해
> 를 풀고 더욱 돈독한 관계를 유지함.

두 사례는 뭐가 다를까? 이번에는 매우 비슷해 보이는데 말이다. 간단하다. 두 사람 중 누가 더 갈등조절 능력이 있어 보는가? 앞 학생 건은 갈등관리 능력이 있을지 유보하고 싶은 심정이다. 학급회의 의견 충동, 배구 조정자 역할 모두 추상적이다. 그러나 뒤 학생은 현명하다고 할까, 슬기롭다고 할까, 하나의 에피소드만으로도 성품이 파악되는 것 같다. 누구나 쓰는 비슷비슷한 내용보다 이렇게 참신하고 이 학

생에게만 느껴지는 인격이 있을 때 높은 평가를 받는 것이다. 물론 이 높은 평가는 잘 관찰한 선생님의 몫이다.

## (4) 규칙 준수

**BAD** 사례

> (교칙 준수) 선도부로서 학생들에게 모범을 보이기 위해 항상 단정한 모습을 유지하며 바른 생활의 본보기가 되기 위해 평소 지각과 결석을 하지 않는 모습을 보이는 근면하고 성실한 학생임. 자신의 진로를 위해 좀 더 노력하는 모습을 보인다면 발전 가능성이 큰 학생이라 여겨짐.

**GOOD** 사례

> (규칙 준수) 교복을 단정히 갖추어 입고 은어, 비속어를 사용하지 않고 바르고 고운말을 사용함. 등교시간과 정해진 학급 급식시간을 준수하고 질서를 유지함. 약속을 중시하고 작은 약속도 지키려고 노력함.

지각과 결석을 안 하는 것이 규칙 준수의 증거가 될 수 있을까? 학생으로서 당연한 것 아닌가? 기본적인 성실성에서 발전 가능성을 읽었다면 입학사정관들이 쉽게 납득할 수 있을까? 그렇다면 뒤 사례는 어떤가? 구체적이다. 교복을 단정히 입는다, 은어와 비속어 사용하지 않는다, 급식 시간을 준수한다, 약속을 꼭 지킨다 등. 지각과 결석은 학생부에 다 나와 있는 내용으로서 누구나 신경 쓴다. 그러나 급식 시간 준수처럼 학생부에 공식적으로 기록되지 않는 내용에 좋은 인성의 사례가 숨어 있는 것이다.

### (5) 관계지향성

**BAD 사례**

> (관계지향성) 평소 진솔한 태도로 행동함으로써 친구나 웃어른에 대한 예의가 바른 학생임.

**GOOD 사례**

> (관계지향성) 평소 조용하고 과묵한 모습인데 체험 활동에서 기꺼이 망가지는 반전 모습을 선보여 학급 전체를 즐겁게 만듦. 친구의 기분이 좋지 않아 보이면 기분이 좋아지도록 곁에서 노력함.

예의 바른 학생이 관계지향성을 보여주는 증거인가? 둘 다 판단 아닐까? 앞 사례는 근거가 부족한 게 아니라 근거가 없다. 뒤 사례는 어떤가? 자신의 정체성이나 기질 취향보다 관계를 중시하는 관계지향적 학생이라는 증거가 모락모락 풍겨 나오지 않는가? 기꺼이 망가진다, 친구의 기분을 좋게 만든다. 원래 사교적인 학생이 아닌데도 말이다. 좋은 관찰에서 좋은 기록이 나온다.

## 2. 학업 능력

### (1) 잠재력

**BAD 사례**

(잠재력) 독서습관이 잘 형성되어 있고 특히 자신의 진로와 관련된 분야의 책을 많이 읽으며 자신의 뜻을 세워가는 열정이 돋보임.

**GOOD 사례**

(잠재력) 로봇과 관련된 자신이 하고자 하는 일에 대해 매우 뚜렷한

생각을 가지고 있음. 자신이 구현하고 싶은 것을 만들어보기 위해 관련 서적들을 탐독하고 친구들과 관련 분야를 견학하거나 체험학습을 가는 등 적극적인 모습을 보임. 꾸준한 독서로 얻은 작문 능력으로 대성문학상에 수필을 응모하는 등 글을 잘 씀. 특히 한국과학교육총연합회에서 추진한 창업 동아리 지원사업에 사업 아이템을 제시하고 사업계획서를 제출하여 대상 팀으로 선정되는 등 휴머노이드 로봇과 관련된 동아리 활동에 적극적으로 참여하여 많은 발전을 이루었고 성과를 보임.

이제 학업으로 넘어왔다. 잠재력은 학생, 학부모나 선생님이나 모두 고민거리라고 말한 적 있다. 두 사례의 차이가 보이는가? 독서는 좋다. 그런데 책 좋아한다고 잠재력 뛰어나다는 평가를 내릴 수 있을까? 어느 정도 상관관계는 있겠지만 직접적인 판단 근거로는 약하다. 책을 읽었다면 자신의 미래를 위해 어떤 책을 읽고 자신을 계발시키기 위해 어떤 책을 읽었기 때문인지가 설명이 되어야 입학사정관들도 수긍할 수 있을 것이다. 뒤 사례의 학생은 로봇에 관심이 있고 로봇 쪽으로 뭔가 자신의 재능을 펼치고 싶어서 책을 읽었다. 이것이 바로 잠재력을 보여줄 기회다. 이과생인데도 독서가 글쓰기 대회 수상과 사업계획서 쓰기까지 이어졌다. 잠재력의 연쇄라고 할 수 있다. 발전과

성과가 미래에 일어나야만 잠재력인 것은 아니다. 언제든 일어날 수 있어야 잠재력인 것이다.

## (2) 자기주도적 학습 능력

**BAD 사례**

(자기주도학습) 학습에서 스스로 계획을 세워 실천하여 3월, 9월, 11월 전국연합 학력평가 성적우수상을 수상함.

**GOOD 사례**

(학업능력) 끊임없는 자기계발 활동에서 불구하고 뛰어난 집중력과 치밀한 학습계획으로 방과후학교 수업시간과 자기주도학습 시간을 이용해 공부하여 전 과목에서 탁월한 학업 성취도를 받음.
여름방학 과제를 통해 국어, 수학, 영어 과목의 부족한 점을 보충하기로 결심함. 국어는 상대적으로 생소한 화법과 작문, 독서와 문법 부분을 개념부터 차근차근 공부하였고, 수학 또한 개념 정리를, 영어는 다양한 유형 적응을 목표로 공부함. 세 과목 모두 취약점을 보완하였고, 2학기 개학 후 치른 '교내 학력 경시대회'에서 우수한 성적으로 대상을 수상함.

6월과 11월 전국연합학력평가에서 언·수·외 합 백분위 99.69%와 99.86%의 우수한 성적을 받았으며 자신의 공부뿐 아니라 친구들의 학습 멘토링 활동도 적극적이어서 급우들에게 모범이 되고 있음.

세상에, 자기주도학습을 다룬 내용이 이렇게 다를 수가 있을까? 둘 다 모범생 최상위권 학생이다. 한 학생은 특목고, 한 학생은 일반고이다. 어떤 사례가 일반고이고 어떤 사례가 특목고인지 말 안 해도 아실 것 같다. 스스로 계획을 세우고 실천해서 모의고사 최상위권까지, 생략된 게 너무 많고 비약마저 있다. 그러나 뒤 학생은 어떤가? 뛰어난 집중력과 치밀한 학습계획, 방학 동안 국영수 스스로 계획을 세워 부족한 점을 열심히 보완해서 역시 모의고사 최상위권. 똑같은 내용을 말하더라도 이렇게 다를 수 있는 게 우리의 현실이다. 참고로 2016년도부터는 모의고사 성적을 어디에도 기록할 수 없다.

## (3) 진로 적성



다른 학생들에 비해 진로에 대한 인식이 뚜렷하고 꿈을 이루기 위해 꾸준한 노력을 기울이고 있어 긍정적인 성장이 기대되는 학생임.



(진로 설정, 탐색) 고등학교 이후의 삶을 계획하기 위해 학과들의 특성과 자신의 성격 등을 종합적으로 고민하는 모습을 보임. 경영학과 컴퓨터공학을 공부하여 IT 컨설턴트가 되겠다고 결정하고 스스로 대학과 학과에 대한 정보를 수집하였으며, 담임교사 및 진학상담 교사와의 상담을 통해 자신의 길을 진지하게 고민함.

고등학교 과정 중의 학습과 생활을 되돌아보며 모의 자기소개서를 써 보기도 하고 회사와 같은 많은 사람들이 모인 공동체를 어떻게 하나가 되게 하고 효율적인 성과도 낼 수 있을 것인가에 대한 책들을 보기도 함. '청산유수'라는 토론 동아리 활동을 통해서 찬성과 반대가 분명한 토론주제를 두고 자신의 의사를 논리적이고 설득력 있게 이야기하는 연습을 하여 다양한 의견이 대립할 수 있는 회사 경영에서 올바른 판단을 할 수 있는 기초적 능력을 배움.

진로에 대한 인식이 뚜렷하고 긍정적 성장이 기대된다는 건 판단이다. 그렇다면 꾸준한 노력이 근거가 되는 셈인데 근거보다 판단이 더 많으니 이건 완전히 주객전도다. 꾸준한 노력도 궁금하고 진로에 대한 인식도 궁금하고 입학사정관들은 앞 학생에 대해 그저 궁금할 뿐이다.

다음 학생은 어떤가? IT 컨설턴트가 꿈이다. 물론 이는 진로 희망 사항에도 적혀 있을 것이다. 하지만 행동 특성에서는 선생님이 판단과 근거가 들어가야 한다. 대학은 학생을 가장 잘 아는 담임선생님의 판단이니 믿어줄 것이다. 판단과 근거가 확실하다면 말이다. 이 학생은 스스로 찾아서 책들도 찾아 읽고 토론 동아리도 활용했다. 특히 토론이 다양한 의사 표출이 이루어지고 갈등이 많은 회사라는 조직에 유리한 경험이라는 선생님의 주장은 설득력이 충분하다.

# 3. 예체능 및 기타



(예체능) 운동 능력이 뛰어나고 승부욕이 있음. 거의 모든 활동에 참여하면서 건전한 경쟁을 즐김.



방학 중 학급 내 스터디그룹 '다이아몬드'의 수학 분야를 맡아 서로 도와가며 자기주도적인 학습을 함. (예체능) 학급친구들과 함께하는 스포츠클럽 활동을 통해 체력을 단련하고 협동심을 기르며 심신단련을 통해 건강한 학교생활을 유지함. 또한 점심시간을 이용해 기타를 연주하고 탁구를 치며 스트레스를 건전한 방식으로 풀고 있음.

예체능 활동은 많은 학생부가 형식적이고 피상적으로 쓴다. 앞 사례는 그중에서도 압권이었다. 승부욕과 건전한 경쟁은 스포츠에만 해당하는 게 아니라 공부 등 모든 활동의 기반이라고 할 수 있다. 운동 능력이 뛰어나면 무슨 운동을 잘하는지 좋아하는지에 대한 언급이라도 있어야 한다. 뒤 사례는 스포츠 활동을 통해 학교생활을 즐겁게 하고 있다는 느낌을 받을 수 있다. 기타, 탁구 등으로 공부하면서 받은 스트레스를 풀고 있다. 이 정도면 괜찮다.

# 4. 총평



밝고 긍정적이며 조용하고 차분해 보이면서도 사교적인 성격으로 교우들과 원만한 관계를 맺고 있음.

밝고 건강한 모습으로 끊임없이 노력하는 자세를 보여줌.



꼼꼼하고 계획성이 있으며 기복 없이 일관된 태도로 학업에 충실히 임하는 모습이 모범이 되어 학급 전체의 면학 분위기 조성에 크게 기여하는 학생임. 자기관리에 능할 뿐 아니라 자신이 가진 뛰어난 문제해결력 및 탐구력을 활용하여 학습에 어려움을 느끼는 다른 친구들에게 도움을 줄 줄 아는 학생임.

겸손하고 예의 바른 태도로 주위 사람들에게 신뢰감을 주는 학생으로 친절하고 이해심이 많아 교우관계가 좋음. 차분하고 성실한 자세와 풍부한 사고력을 바탕으로 학업 면에서도 전 영역이 탁월하고 수업시간에 늘 흐트러지지 않고 몰입해서 공부하는 자세가 돋보이는 학생으로, 이러한 태도가 본보기가 되어서 급우들의 추천으로 모범상을 받음.

총평은 맨 앞에서 특정 요소가 아닌 전반적인 평가를 하는 부분이다. 제목이 없는 부분이다. 인성부터 학업까지 가장 특징적인 것, 중요한 것을 먼저 두괄식으로 보여주자는 것이다. 당연히 입학사정관들은 1학년 때에 비해서 2학년 때 달라진 점이 궁금할 것이다. 바람직한 사례와 부족한 사례의 차이점이 보이는가?

너무 크게 자세히 보인다. 첫 번째 사례는 1학년 때나 2학년 때나 똑같다. 밝고 긍정적이다. 그게 전부다. 너무 짧다. 상당수 입학사정관은 행동 특성부터 본다. 종합 평가 총론에서 학업과 관련된 부분 없이 밝고 긍정적이라는 한마디뿐이면 더는 볼 필요 없는 학생부라 판단할 수 있다.

뒤 사례는 어떤가? 인성 면에서 긍정적인 내용이 기술된 건 마찬가지인데, 1학년 때는 학업에 성실히 임했다는 내용이 적혀 있는데 2학년에는 모든 면에서 우수로 바뀌었다. 입학사정관들은 2학년 때 많이 노력해서 성적이 올랐구나 기대를 갖고 학생부를 볼 것이다. 2학년 때 추가된 사고력의 흔적도 좀 더 자세히 꼼꼼하게 찾으려고 노력할 것 이다.

# 앞으로 학생부는
# 어떻게 변할까?

우선 다음 설문조사 결과를 보자.

학교생활기록부 기재 항목 중 교내 활동 프로그램의 과도한 양산을 막기 위하여, 학생부종합전형의 서류평가에서 제외되어야 한다고 생각하시는 것은 무엇입니까? (4개까지 선택 가능)

① 수상기록       38.7%

② 자격증 취득 및 인증사항       66.2%

③ 진로희망 및 특기사항       26.8%

④ 창의적 체험 활동 특기사항(자율, 동아리, 봉사, 진로 활동)　33.1%

⑤ 봉사 활동 누가기록　28.0%

⑥ 교과성적　2.9%

⑦ 교과 세부 능력 및 특기사항　11.7%

⑧ 독서 활동　23.8%

⑨ 행동 특성 및 종합 의견　13.1%


학생부종합전형과 관련하여 교육부 또는 교육청에 요구하고 싶은 내용은 무엇입니까? (3개까지 선택 가능)


① 학교생활기록부 작성 부담의 축소 방안 모색　71.7%

② 정규 교육과정 외의 비교과활동에 대한 기록 제한 설정　54.2%

③ 항목별 입력 글자 수 제한의 완화 또는 폐지　19.2%

④ 교과지도 개선 사례 발굴 및 보급　27.1%

⑤ 과정 중심의 수행평가 확대　22.5%

⑥ 학부모, 교사 대상 연수의 확대　22.1%


　　서울시교육청에서 고등학교 진학지도 선생님들을 대상으로 실시한 설문조사인데, 앞으로 학생부종합전형에서 학생부가 어떤 식으로 변화가 있을지 추론할 수 있는 좋은 자료다.

선생님들은 가장 큰 문제로 작성 부담이 너무 크다는 이야기를 하는 중이다. 학생부종합전형이 느는 만큼 학생부(거의 모든 학생의 학생부)도 두꺼워진다. 그만큼 학교 선생님의 부담이 늘어날 수밖에 없다. 물론 평가하는 대학에도 부담이 늘어나는 것은 마찬가지다. 그리고 자격증과 수상 기록은 어떤 식으로든 조정될 것 같다.

학부모 입장에서는 교과 성적과 세부 능력 및 특기사항 그리고 행동 특성의 중요성이 학생부종합전형에서 강화될 가능성이 높다는 것을 확인할 수 있다. 그러면 마지막으로 준비한 카드를 살펴보러 가자. 자기소개서와 학생부를 유기적으로 연결시키는 방법을 5부에서 소개한다.

학생부와 자기소개서는 바늘과 실처럼 같이 가는 것이 좋다.
학년 말에 완성된 학생부를 바탕으로 자기소개서를 쓸 경우, 여러 가지 좋은 효과가 있다.
1년을 되돌아보면서 무엇이 부족했고 무엇을 잘했는지
객관적으로 판단할 수 있다는 것과
그로부터 다음 한 해를 더 열심히 준비할 동력을 얻을 수 있다는 것이다.

# 5부

# 학생부와 자소서를 유기적으로 연결하라

# 학생부와 자기소개서는
# 같이 가야 한다

이 부는 부록 같은 성격을 띠고 있다. 지금까지 책을 읽는 여러분 중에서 고3 학생은 거의 없겠지만 고2 학부모님이나 학생은 있을 거라고 생각해 그분들을 위해 자기소개서 이야기를 들려드리려 한다. 물론 자기소개서에 고3만 관심을 가질 이유는 없다. 고1, 고2, 중학생학부모들도 미리 관심을 둘수록 좋다. 그 이유는 합격생의 자기소개서를 많이 보면 자신의 자녀의 교과와 비교과에 창의적으로 적용할수 있는 길이 열리기 때문이다.

학생부와 자기소개서는 바늘과 실처럼 같이 가는 것이 좋다. 보통학년 말에 학생부가 완성될 때 그걸 바탕으로 자기소개서 쓰는 연습을 할 경우, 여러 가지 좋은 효과가 있다. 자신의 1년을 되돌아보면서무엇이 부족했고 무엇을 잘했는지 객관적으로 판단할 수 있다는 사실과 그로부터 다음 한 해를 더 열심히 준비할 동력을 얻을 수 있다는 것이다. 여러분은 더 멋지게 치고 나갈 수 있는 가능성을 이번 5부를 통해서 확인할 수 있을 것이다. 실제 상담하다 보면 자기소개서를 미리미리 준비하는 게 유리하다는 사실을 깨닫게 된다. 다음 말들을 보자.

기말고사가 끝나고 본격적으로 자기소개서를 써야 하는데 학생부를 보아도 쓸 말이 없다는 고충을 털어놓고 있다. 이런 식으로 쓰다가 마음에 안 들어서 고치는 과정을 반복하다 보면 여름방학이 훌쩍 간다. 생산성에서 그런 비효율이 있을 수 없다.



학생부 합격의 법칙

# 좋은 자기소개서란
# 무엇일까?

자기소개서, 자기를 소개하는 글이다. 두 자소서를 한번 읽어보자.

안녕하세요, 전 ○○○ 라고 합니다. 저는 1998년 인천에서 2남 1녀의 장남으로 태어났습니다. 항상 넉넉하지 못하고 어려운 환경이었습니다. 우리 형제들에게 부모님은 어릴 적 야단과 꾸중도 많이 하셨지만 지금은 더할 나위 없는 존경하는 부모님이십니다. 저 역시 무뚝뚝하시지만 인자하신 부모님의 온정 속에서 별 탈 없이 행복하게 성장할 수 있었습니다.

나를 키운 건 8할이 영화와 소설… 그리고 열정

그녀는 세상을 바꾸고 싶었다. 그녀는 엄마 젖이 아니라, 소설과 영화, 문학을 자양분으로 한 고른 영양 섭취를 바탕으로 하여 자라났다. 하지만 한국 사회라는 특수한 현실에서 그리고 우리나라의 입시제도의 모순으로 그녀의 꿈을 맘껏 펼칠 수가 없었다.

둘 중에서 인상적인 자기소개서는 무엇인가? 대부분은 2번을 택했을 것이다. 두 번째 자기소개서는 파격적이다. 나와 그녀 등 1인칭과 3인칭을 넘나드는 복합 시점 전개 방식, 소설, 열정, 명사로 간결하고 과감하게 종결짓기. 존댓말이 아닌 다체를 사용하기 등등이다. 이 학생이 사범대나 간호대에 원서를 쓴다면 교수님들이 그 자유분방함에 대해서 우려할 수 있지만 이 학생이 만약 신문방송학과나 문화컨텐츠학과에 원서를 쓰는 학생이라면 이보다 강렬하게 자신의 이미지를 전달할 수 없었을 것이다. 교수님들도 이 친구 멋진데, 면접에서 한번 보고 싶다 느낄 것이다.

첫 번째 자기소개서는 자신의 성장배경을 전달하는 방식이 지극히 평범하다. 자기소개서는 자기를 궁금해하는 사람들(여러분의 경우에는 해당 학과 교수님들 아니면 입학사정관)들에게 자신이 어떤 사람인지, 능력은 어떤지, 품성은 어떤지, 정체성은 어떤지 등을 소개하는 글이다.

독자가 정해져 있다면 어떻게 해야 그들 마음에 다가갈 수 있는지 그 방법을 모색하는 것이 필요할 것이다. 대학교수와 입학사정관이 좋아하는 자기소개서. 그게 바로 대학입시에서 좋은 자기소개서가 된다. 좋은 자기소개서는 이들에게 자신을 인상적으로 전달하는 자기소개서다.

나는 수업과 상담을 통해 제자들과 학부모에게 좋은 자기소개서는 다음과 같은 다섯 가지 조건을 갖추어야 한다고 강조한다.

첫 번째는 '진정성'이다. 자기소개서는 서류 평가의 일종으로서 상대를 직접 만나지 않고 글로 판단하는 과정이다. 만나서 얼굴을 보며 대화를 하다보면 그 사람이 어떤 사람인지 알 수 있지만 글로서 그 사람을 판단하기는 쉽지 않다. 글은 말보다 자신을 실제보다 더 부풀리고 과장되게 꾸미려는 경향이 있으니 말이다. 그렇기 때문에 좋은 자기소개서는 읽는 사람이 내가 이 학생의 진실의 모습을 보고 있다는 진정성을 느끼게 해야 한다. 거짓이 없다는 것이다.

두 번째 조건은 '참신성'이다. 차별화라고도 한다. 입학사정관들은 같은 학과에 원서를 쓴 다른 학생들의 서류와 대조 비교하면서 자기소개서를 본다. 대부분의 학생들이 비슷한 지원 동기와 비슷한 학교 활동들을 보여주기에 평가자들에게 뚜렷한 인상을 남기지 못하는 경우가 많다. 남과 다른 동기, 같은 활동이라도 남과 다른 의미 부여가 드러날 경우 강한 인상을 남기게 된다.

세 번째 조건은 '전문성' 혹은 전공 '적합성'이다. 학생부종합전형은 대부분 인성, 발전가능성 등의 요소보다 전공 적합성의 비중이 높다. 학생부는 학교생활 전체를 담고 있기에 전공 적합성만 효과적으로 보여주기에는 제약이 있다. 그때 자기소개서는 전공 적합성이 있다는 걸 증명하는 효과적인 도구가 될 수 있다. 특히 1~2학년 때 진로 희망이 3학년 때 바뀌거나 학생부의 주요 활동과 자신이 지원하는 학과가 어긋나는 학생들은 자기소개서에서 전공 적합성을 강하게 드러내는 것이 다른 무엇보다 중요할 수 있다.

네 번째 조건은 '가독성'이다. 학생부는 매우 건조한 시선을 유지하는 시사 다큐멘터리라면, 자기소개서는 재미있는 영화라고 할 수 있다. 대부분의 평가자들은 학생부에서 팩트를 찾고 팩트에 대한 해석과 의미 부여는 자기소개서에서 찾곤 한다. 특히 평가하는 과정에서 많은 입학사정관들이 피로해지고 지치게 된다. 그러므로 많은 정보를 담아 지나치게 나열식으로 쓰는 글보다 스토리텔링을 통해 재미있게 자기를 소개하는 글이 더 인상적일 수 있다.

마지막 조건은 '우수성'이다. 자신이 우수하다는 것, 자신이 장점을 주로 쓰는 게 자기소개서다. 가끔 대학들은 단점을 쓰라고 하는 경우도 있지만 그 단점 역시 타고난 장점을 어떻게 극복했는지 그 극복 과정을 통해 노력과 성실도를 엿보려는 고도의 노림수가 있다. 즉, 자랑을 하되, 대놓고 너무 티나지 않게 자기 자랑을 하는 것이 자기소개서의 본질에 가깝다. 자기소개서를 읽고 나서 이 학생 똑똑하고 인품도 훌륭해라는 인상을 주어서 뽑고 싶도록 만들게 하는 것이 바로 학생

1. 진정성

2. 참신성

3. 전공 적합성

4. 가독성

5. 우수성

**좋은 자기소개서의 조건**

들이 자기소개서를 쓰는 이유다.

이 다섯 가지 조건을 의식하면서 쓴 자기소개서는 진실되고 전공에 대한 의지와 관심이 느껴지고 또 재미있고 새로우면서도 뛰어날 것이다.

# 대학들은 자기소개서를
# 어떻게 평가하는가?

| 등급 | 특징 |
|---|---|
| 특별 | 매우 잘 쓰여 있음. 독창성, 독특성, 인상적임.<br>다른 입학사정관에게 보여주고 싶음. |
| 우수 | 잘 쓰여 있음. 일반적인 주제로 작성했으나 잘 씀.<br>응시자에 대해 더 알게 됨. |
| 보통 | 일반적인 내용, 노력과 성실성이 보임. 대작은 아니나<br>분명한 생각이 포함되어 있음. 독특하거나 특별함은 없으나<br>흥미를 불러일으킴. |
| 보통 이하 | 최소한의 노력. 문법적으로는 맞으나 글에 대한 요지가 없음.<br>독창성, 통찰력 없음. |
| 평가 불가 | 짧음. 노력 없음. 모호함. 문법 엉망. |

**자기소개서 종합 평가**

앞 페이지에 나온 표는 모 대학에서 학생들의 자기소개서를 평가하는 점수 표다. 보면 알겠지만 이 대학은 5단계로 학생들의 자기소개서를 점수화하고 있다. 이 학교는 특별－우수－보통－보통 이하－평가 불가 등 평가하고 있다.

'특별'은 읽어보고 다른 사람(예컨대 동료 입학사정관이나 교수)에게 이 학생 자소서 잘 썼다고 한번 읽어보라고 권하는 수준이라는 이야기이다. 독창적이며 우리 학과에 딱 맞는 인재라는 느낌이 한 방에 든다. '우수'는 잘 쓴 자소서라는 객관적 평가, 학생부로는 알 수 없는 이 학생의 자질(주로 잠재력이나 발전 가능성이다)을 알 수 있었을 때 내리는 평가이다. 물론 각각의 비율이 정해져 있는 것은 아니지만 이 두 부류의 학생이 어느 대학에서나 소수일 것이다.

특별하지는 않은데 그렇다고 못 쓴 자소서도 아닌 경우, 즉 자기소개서를 보지 않고도 이 학생의 학생부만으로도 이 정도는 알 수 있겠다 싶으면 '보통'이 된다. 대부분의 학생은 이 수준일 것이다. 그리고 급히 쓰느라 분량만 맞춘 자소서라면 '보통 이하', 즉 미흡으로 평가한다. 이 경우 자기소개서부터 읽는 입학사정관(대부분 자소서부터 읽는다고 한다)들은 학생부에서 어떻게 하면 깎아내릴지 부정적인 시각에서 보기 쉽다.

마지막 '평가 불가'는 자기소개서를 빈 칸으로 적거나 극히 적은 분량만 써서 제출한 케이스가 해당하고 이런 학생들은 학생부 역시 그저 그럴 가능성이 높다. 교육부에서 적지 말라는 외부 스펙이나 경시대회 실적을 적은 자기소개서도 여기에 포함될 가능성이 높다. 그럴 경우 무조건 떨어지는 자기소개서가 되는 것이다.

반면 자기소개서 평가를 점수화하지 않는 학교도 있다. 대표적인 학교가 서울대다. 서울대는 자기소개서 몇 점, 학생부 점수 몇 점, 추천서 점수 몇 점 하는 식으로 점수를 낸 뒤 합산해서 최종 점수를 매기지 않는다. 2016년 6월 중순 한양대에서 열린 '학생부종합전형 발전을 위한 고교-대학 연계 포럼'에서 권오현 서울대 입학관리본부장이 이런 말을 했다.

"우리는 자소서를 따로 평가하지 않는다. 오직 학생부만 평가한다."

맞는 말이다. 자기소개서는 정성평가의 대상으로써 평가자가 읽고 학생부 점수를 끌어올리기도 하고 내리기도 하는 보정 기능을 하고 있다. 점수를 따로 매기지는 않지만 사람의 마음을 움직여 기존 점수를 끌어올리기도 하고 끌어내리기도 하니, 상당히 중요하다고 할 수 있다. 잘 썼을 때(대부분 전공 적합성과 지적 호기심이 강하게 드러나는 자소서다) 내신을 포함해서 부족한 학생부 점수를 만회할 수 있다는 것도 어느 정도는 진실이다.

자기소개서를 평가할 때 평가자들은 먼저 1~4번 항목을 읽고 이 학생에 대해 파악한다. 그다음에 다시 읽을 때는 항목별로 학생부와 대조해서 학교생활 바깥에서 활동을 적었는지, 바탕으로 적었는지, 학생부에 적혀 있는 내용과 차이가 있는지 등등을 확인하는 과정도 거친다. 잘 쓴 자기소개서라면 최종 점수를 내기 전에 한 번 더 읽을 수도 있을 것이다. 내가 내린 평가가 맞는지 공정한지 등등을 생각하면서 한 번 더 읽게 되는 경우가 많다. 여러 번 읽는다는 것은 그만큼 지원자에게 유리하게 작용할 가능성이 높다.

# 자기소개서 항목별로
# 무엇을 써야 하나?

빠르면 1년, 길면 3년 뒤에 만날 자기소개서를 구경해보자. 현재는 네 항목으로 구성되어 있다. 당분간 늘지도 줄지도 않을 것 같다. 늘면 학생들의 부담이, 줄면 대학의 반발이 예상되기 때문이다. 1~3번 항목은 학생부종합전형을 운영하는 모든 대학에서 공통적으로 사용하는 공통 항목이고 4번 항목은 대학별 고유 문항이다.

## 1. 학습 경험

(1) 고등학교 재학기간 중 학업에 기울인 노력과 학습 경험에 대해, 배우고 느낀 점을 중심으로 기술해주시기 바랍니다. (1,000자 이내)

학업에 기울인 노력, 학습 경험, 배운 점, 느낀 점 등 네 가지가 들어가야 한다. 학업에 기울인 노력은 공부로 시작해서 공부로 끝나는 문항이다. 어떻게 공부했는가? 학습 경험은 무엇을 공부했는가? 배운 점은 알게 된 것은 무엇인가? 느낀 점은 깨달은 점은 무엇인가? 공부를 잘한 이야기, 열심히 한 이야기를 쓰면 되는 문항인데 당연히 그 공부는 전공과 관련된 공부일수록 유리할 것이다. 다음과 같은 아이템을 학생들은 주로 쓴다.

### (1) 우수한 교과 성취

**—성적향상도 혹은 성취, 교과우수상, 모의고사 성적 향상기**

상위권일수록 문과, 이과 가리지 않고 수학을 많이 쓴다. 이과 학생들은 수학과 과학의 비율이 압도적으로 높고 문과 학생들은 상위권 학생은 수학, 중하위권 학생은 국어와 영어를 많이 쓰는 편이다. 한 과목에 1,000자를 배정하는 학생보다는 두세 과목을 묶어서 쓰는 경우가 더 많다. 지적 호기심과 학업에 임하는 태도가 잘 드러나는 사례를 학생부에서 찾는 게 관건이다.

### (2) 나만의 공부 방식(자기주도적 학습 경험)

**—학습 플래너 대회와 자기주도학습 부문 교내 상 수상**

특정 교과가 아닌 전반적인 자신의 공부법, 자기주도학습 경험을 쓰는 전략이다. 학습 경험보다는 학업에 기울인 노력에 주안점을 두는 방식이다. 자기주도학습은 스스로 계획하고 실천하는 게 무엇보다 중요하니만큼 결과보다는 과정을 잘 드러내는 것이 관건이다. 뚜렷하게 내세울 만한 과목이 없거나 심리학과 환경학과처럼 특정 교과목과 연계성이 떨어지는 학과의 지원자들이 관심을 가질 만한 접근법이다.

### (3) 교과 멘토 활동, 학습 동아리 활동, 교과 동아리 활동

학습 경험 속에 배려심, 나눔, 협력 등 이른바 자기소개서 3번 항목에 담길 인성들을 같이 녹여내는 전략이다. 이 아이템은 활동이 드러나면서 가독성이 높아지는 반면에, 상대적으로 지적 호기심과 학문에 대한 태도를 드러내는 데에는 취약한 단점이 공존한다.

### (4) 방과후수업과 특강, 교육청 심화수업

학교 정규 수업이 아닌 비정규 시간에 이루어지는 수업과 특강들을 갖고 자기소개서 1번을 준비할 수 있다. 이 경우 자신의 학업적 우수성과 전공에 대한 관심 등을 더 심도 있게 보여줄 수 있는 장점이 있다. 반면 방과후학교가 부실하거나 심화수업이나 영재반 지원을 받지 못하는 학생들에게는 쓰고 싶어도 쓸 수 없다는 한계가 있다.

### (5) 경시대회나 외부 인증 시험 준비, 외부 특강, 대학 프로그램 수업

노골적으로 학교 바깥에서 한 공부를 적는 것이다. 당연히 경시대회 성적이나 인증 시험 점수 등급 등은 적을 수 없다. 예를 들어 토플

점수를 쓰지 못해도 토플을 공부한 과정을 쓸 수는 있다. 하지만 자기소개서가 과정뿐 아니라 결과까지 평가하는 것이 현실임을 고려하면 현명한 전략이 아닐 수도 있다. 대학교수님이나 저자 전문가 특강을 외부에서 들었다면 지적 호기심과 전공에 대한 열정을 동시에 보여줄 수는 있겠지만 학생부종합전형에서 중요한 평가 기준인 학교생활 성실성을 충족시키지 못한다는 단점도 있는 것이다.

### (6) 소논문(R&E) 활동

이 아이템은 1번에도 쓸 수 있고 의미 있는 활동 세 가지를 쓰는 2번에도 쓸 수 있다. 2번 항목 소개할 때 자세하게 살펴보자.

### (7) 독서 활동

주로 국문과, 철학과 등 인문대학 지원자들이 사용하는 전략이다. 교과 공부와 유리된 채 개인적 호기심과 관심의 영역일 수도 있지만, 그보다는 학교 교과 수업과 연계해서 책을 찾아 읽는 것이 평가에 더 긍정적으로 작용할 수 있을 것이다. 예를 들면 윤리와 사상 시간에 존 롤스의 정의론에 대해서 공부한 다음에 정의라는 개념에 관심이 생겨 마이클 샌델의 『정의란 무엇인가』를 읽고 지식을 심화시켰다는 식으로 쓰는 것이다.

## 2. 의미 있는 활동 3가지

(2) 고등학교 재학기간 중 본인이 의미를 두고 노력했던 교내 활동을 배우고 느낀 점을 중심으로 3개 이내로 기술해주시기 바랍니다. 단, 교외 활동 중 학교장의 허락을 받고 참여한 활동은 포함된다. (1,500자 이내)


각 대학 입학사정관 설문조사 결과 입학사정관들이 자기소개서 항목 중에서 가장 비중 있게 보는 항목이 바로 이 항목, 의미 있는 활동 세 가지이다. 활동이 무엇인지 쓰고 그 활동을 통해 배운 점, 느낀 점을 쓰는 항목이다. 최대 3개까지 쓰지만 2개를 써도 되고 1개만 써도 된다. 학업 활동, 봉사 활동, 리더십 활동, 예체능 활동 등 골고루 쓰는 방법도 있고 하나에 주력해 집중하는 전략도 있다. 1번 항목처럼 활동 역시 희망 학과와 연계된 활동이면 더욱 좋을 수밖에 없다.

아이템을 살펴보기 전에 이 항목에 임하는 자세랄까, 태도랄까 말씀드릴 게 있다. 이 활동에는 일련의 구조랄까, 패턴이 있다. 동기 - 목표 - 어려움 - 극복 과정 - 결과 - 반성 - 변화(반성과 변화를 합쳐서 깨달음)로 이어지는 것이다. 예를 들면 독서 토론 동아리를 시작한 학생이 있다. 이 학생의 학생부에는 독서 토론 동아리에서 무엇을 했는지 어떤 책을 읽고 어떤 토론을 했는지가 주로 소개되고 있을 성싶다. 자기소개서에는 여기서 더 나아가 편독 습관을 고치려고(동기이자 목표), 여러 분야의 책을 읽는 재미와 다양성 존중의 깨달음(결과), 토론 과정

　　　　　　　　　　　　　　　　　　학생부 합격의 법칙

에서 나와 다른 생각을 만나 반론하기(어려움과 극복 과정), 다양성 존
중하는 토론 교육의 실현(반성과 변화이지 깨달음)이라는 식으로 나아
가야 한다. 학생들은 주로 이런 아이템을 고른다.

### (1) 동아리 활동

가장 많은 학생이 의미 있는 활동 세 가지에 동아리 활동을 적는다.
세 가지 모두 동아리 활동을 쓰는 경우도 적지 않다. 전공 관련 동아
리를 통해서 전공 적합성을 보여주기, 예체능 동아리를 통해 경험 다
양성, 인성 보여주기, 학술 동아리를 통해서 지적 호기심과 학업 능력
을 보여주기, 봉사 동아리를 통해 따뜻한 인성을 보여주기 등 동아리
성격에 따라 자신의 보여주고 싶은 부분을 집중적으로 보여주는 전략
을 택할 수 있다.

### (2) 반장과 임원 활동, 학생회

리더십과 학교생활의 성실성을 보여주는 전략이다. 학급에서 있던
에피소드를 통해 문제를 해결한 경험을 주로 쓴다. 학교생활에 어떤
긍정적인 변화가 있었는지 쓸 경우, 학교생활 충실성과 사회성을 동
시에 보여줄 수 있다. 갈등과 극복 과정에 집중하면 문제 해결 능력과
소통 능력을 인정받을 수 있다.

### (3) 봉사 활동

장애인 봉사, 노인 봉사, 다문화 가정 돕기, 병원 봉사, 교육 봉사, 멘토 앤 멘티, 또래 상담, RCY 인터렉트 등 봉사 동아리. 봉사 활동은 3번 항목인 배려, 나눔, 협력, 갈등관리에 적기도 하는데, 2번 항목에 적을 때는 자신의 역할을 조금 더 강조하고 3번 항목에 적을 때는 봉사를 통해 상대가 달라진 점, 상대의 변화를 조금 더 강조한다는 차이점이 있다.

### (4) 각종 학교 대회

모의 유엔, 체육대회, 축제, 영어 연극 대회, 프로젝트 대회, 탐구 대회 등이 여기에 들어간다. 학업 관련 대회와 학업 외 비교과 관련 대회를 쓸 때 미묘한 차이가 있다. 학업 관련 대회는 참가의 동기 그 과정에서 배우고 느낀 점 못지않게 결과나 목표에 대한 부분이 강조되어야 한다. 학업 외 대회는 목표나 결과보다 과정이 더 중요할 수 있다.

### (5) 진로 탐색 활동

학생부 자율 활동에 주로 기재되어 있는 외부 전문가 강연, 대학과 학과탐방, 선배와의 진로 탐색 시간, 그리고 전공과 희망 직업에 대한 조사 활동 및 보고서 작성 등이다. 진로 관련 동아리를 하고 있을 때는 동아리 활동도 쓸 수 있다.

### (6) 소논문(R&E) 활동

이 활동은 1번 항목에도 쓸 수 있고 2번 항목에도 써도 된다. 문과생이든 이과생이든, 서울대든 연세대든 소논문 그 자체는 평가 대상이 아니다. 우선 대부분의 대학에서 제출할 수 없기 때문이다. 제출해도 물리적으로 읽을 시간이 없다.

그러나 내 생각에 두 가지 점에서 소논문은 평가에 긍정적인 효과가 있다. 우선 소논문을 쓴 것과 학교 소논문 대회에서 상을 받았다는 건 다르다. 교내 상이 학생부종합전형에서 여전히 의미 있게 평가받는데다, 국영수 경시대회나 올림피아드에 대해 정부가 규제하고 있어서 대안으로 탐구 대회, 소논문 대회를 비중 있게 볼 수밖에 없는 노릇이다. 물론 그 학교가 소논문 대회를 제대로 하고 있다는 믿음을 주는 한에서 의미 있다는 것이지, 그저 형식적으로 다른 학교가 하니까 따라하는 학교라고 낙인찍히면 거들떠보지도 않을 것이다.

또 한 가지는 자기소개서에 소논문을 활동과 성숙이라는 측면에서 잘 썼을 때 지적인 측면, 학업 우수성, 전공에 대한 관심 등을 동시에 보여줌으로써 평가에 긍정적인 영향을 미칠 수 있다는 점이다. 입학사정관은 그 학교에서 소논문 대회 혹은 소논문 교육 프로그램이 있는지 먼저 보고, 즉 공교육의 틀 속에서 작성되었다는 확신이 든 다음에 이 학생의 소논문에서 다음을 확인하려고 할 것이다.

1) 왜 이 주제를 택했을까?

2) 고등학생이라면 당연히 어렵겠지. 구체적으로 어떤 어려움을 만
났을까?

3) 그 어려움을 어떻게 극복했을까?

4) 논문을 쓰고 나서 이 학생은 어떻게 변화했을까?


여기까지는 문과와 이과 모두 해당하는 사항이고, 여기에 이과생은
한 가지가 추가된다. 실험 혹은 관찰은 어떻게 했느냐가 될 것이다. 여
기에 대한 자신의 답을 쓰는 것이 자기소개서라고 생각하면 될 듯하다.

2)번을 쓸 때 특히 주의할 점이 있다. 학교에서 제공하여, 우연한 기
회에 등의 소극적인 표현보다는 자신이 적극적으로 찾아 했다는 능동
성을 강조해야 한다. 모든 활동이 자신이 의미를 두고 찾고, 노력한 것
이며 본인의 의지가 반영된 활동으로 쓰는 게 좋다.


## 3. 배려, 나눔, 협력, 갈등 관리

(3) 학교생활 중 배려, 나눔, 협력, 갈등 관리 등을 실천한 사례를 들고, 그
과정을 통해 배우고 느낀 점을 기술해주시기 바랍니다. (1,000자 이내)


다른 항목과 달리 사례라는 단어가 직접 들어가 있다. 배우고 느낀
점도 평가 대상이지만 구체적으로 사례 자체를 평가하겠다는 뜻임을

    학생부 합격의 법칙

알 수 있다. 두 가지 방식이 가능하다. 배려, 나눔, 협력, 갈등 관리의 사례를 200~250자 내외로 짧게 쓰고 마무리를 배우고 느낀 점으로 할 경우, 사례는 부각되지만 배우고 느낀 점이 희석되거나 묻힐 가능성이 있다.

반대로 네 가지 중에서 한두 가지만 쓰면서 종합적인 인성을 보여 주는 전략도 있다. 네 가지 덕목 중에서 가장 유리한 덕목은 바로 협력이다. 협력 속에서는 갈등 관리, 배려, 나눔이 모두 포함되기 때문이다. 예를 들면 동아리를 운영하다가 조원들이 적극적으로 참여하지 않아 어려움을 겪은 경험을 쓰고자 한다면 다음 순서로 접근하는 게 좋다.

1) 문제 인식 : 조원들의 불참이 늘어감

2) 원인 분석 : 직접 조원들을 찾아가 이유를 확인함

3) 해결 방안 고민 : 시간대를 조정해 모두 참석할 수 있는 시간대로 맞춤

4) 그 과정에서 어려웠던 점 : 일부 학생이 도저히 시간대를 옮길 수 없다고 나옴

5) 문제 해결 과정 : 그 친구들을 과감하게 정리하는 결단성을 보임

6) 결과와 느낀 점 : 강력한 결단을 통해 효율적인 동아리를 만들었음. 이를 통해 때로는 카리스마 리더십이 필요하다는 사실도 깨달음.

## 4. 대학별 고유 문항

1,000~1,500자에 이르는 4번 항목, 대학별 고유문항은 간단하게
설명한다. 서울대처럼 독서를 요구하는 경우도 있지만 대다수 대학은
지원 동기와 준비 과정을 묻거나 지원 동기와 진로 및 학업 계획을 묻
는 경우가 많다. 각각의 고유 항목에 대해서 어떤 원칙으로 접근해야
할까? 서울대의 독서 활동은 독후감이 아닌 책을 통해서 자신이 누구
인지를 보여주는 글에 가깝고, 지원 동기와 준비 과정을 요구하는 유
형(연세대, 중앙대, 경희대 등 가장 많다.)은 전공 적합성을, 지원 동기와
진로 계획을 묻는 유형은 전공 적합성에 발전 가능성을 평가하기 위
함이라고 생각하면 될 듯하다.

　　　　　　　　　　　　　　　　　　　학생부 합격의 법칙

# 학생부에서
# 최적 아이템을 찾아라

그러면 자기소개서를 쓰기 위해 어떤 순서로 학생부를 점검해야 하는지 그 순서를 살펴보자. 나는 학생들과 자기소개서 수업을 하기 전에 반드시 학생부를 점검하는 시간을 둔다. 자기소개서를 1번부터 쓴다고 가정하고(실제로는 어떤 순서로 써도 상관없다.) 다음 순서로 먼저 학생부를 체크한다. 학생부를 읽으면서 자기소개서 쓸 때 글감이 될 성싶은 부분에 빨간 밑줄을 그어놓으면 좋다.

---

**스텝 1**

**학생부의 세부 능력 및 특기사항에서**

**주요 과목의 성적과 선생님의 평가를 체크한다.**

---

우선 학생부에서 가장 먼저 할 일은 자기소개서 1번 학업 파트에 맞는 글감들을 찾는 작업이다. 그러기 위해서 가장 먼저 할 일은 교과 학습 발달 상황으로 가서 자신이 자신 있는 과목, 전공과 관련된 과목, 학년별로 뚜렷이 상승 곡선을 그리고 있는 과목, 5등급에서 1등급으로 갑자기 상승한 과목이 무엇인지 찾아봐야 한다. 그러고 나서 그 과목들에 대해서 선생님이 세부 능력 및 특기사항에서 무엇을 써주셨는지 확인해야 한다. 관심 있는 주제나 단원 개념을 우선 찾아야 한다. 학생부에 포스트잇을 붙이면 좋다. 1번 항목에 쓰일 소재니까 1-1(첫 번째 소재), 1-2 이런 식으로 순서를 정해놓는 것이다. 다음 단계로 넘어가자.

**스텝 2**

## 세부 능력에서 발견된 자신의 우수성과
## 연결되는 수상 경력을 찾아라.

두 번째 할 일은 앞 쪽으로 이동해서 학생부의 수상 경력을 체크하는 단계이다. 세부 능력 및 특기사항에서 자신의 장점과 연결되는 상들이 무엇무엇이 있는지 확인해야 한다. 그리고 앞 번호와 연결을 지어 보는 것이다. 1-1과 연결된 상은 1-1-1(상이 여러 개일 때 첫 번째) 이런 식으로 말이다.

# 행동 특성 및 종합 의견에서 자기주도학습과 진로 활동 부분의 코멘트를 체크한다.

이제 학습 경험의 후보군을 찾았다면 학업에 기울인 노력, 즉 공부법과 관련된 근거를 찾아야 한다. 주로 행동 특성 및 종합 의견에서 담임선생님이 총평을 써주시거나 세부 능력 및 특기사항에서 발견되기도 한다. 공부법과 관련된 멘트가 있을 때 역시 1(자기소개서 항목) - 1(세부 능력의 순위) - 1(관련 교내 상) - 1(행동 특성에서 언급된 내용) 이런 식으로 표시해둘 수 있다. 이렇게 되면 1번의 글감은 대충 수집이 끝났다. 당연히 글감은 1,000자 이상 분량이 될 것이다.

두 가지 방법이 있다. 일단 여러 개 쓰고 가장 마음에 드는 한두 가지를 최종 버전으로 선택하는 방법이 있고, 처음부터 아이템을 확정하고 본격적으로 쓰는 방법도 있다. 시간이 부족할 때는 후자일 수밖에 없다. 그때는 다음 순서로 쓸 것과 버릴 것을 결정하는 게 좋다.

1) 전공 관련 과목

2) 3년 동안 가장 성적이 좋았던 과목

3) 성적이 꾸준히 올랐던 과목

4) 성적이 한 학기 만에 급상승했던 과목

**스텝 4**

## 창의적 체험 활동 중 동아리 활동을 학년별로 꼼꼼히 읽는다.

이제 의미 있는 활동 세 가지를 추출하는 시간이다. 우선 3년 동안 자신이 했던 동아리 활동을 죽 읽는다. 3년 내내 같은 동아리일 수도 있고 해마다 바뀐 경우도 있다. 전자일 경우 무조건 쓴다고 생각하고 마땅한 글감을 골라야 한다. 후자는 여러 개를 놓고 가장 유리한 걸 고르는 작업을 거쳐야 한다. 학생부에 적혀 있는 동아리 활동 중에서 자기소개서에 쓸 만한 거리들을 고른 뒤에는 2-1(동아리)-1(첫 번째 후보) 이런 식으로 포스트잇을 붙여놓는다. 또 학교에서 하는 공식 동아리 외에 자율 동아리를 만든 학생도 있을 것이다. 자율 동아리는 자기주도성과 적극성 전공 적합성을 보여주는 데 유리하기 때문에 자기소개서에 쓸 가치가 조금 더 높아진다. 자율 동아리일 경우는 2-2-1 이런 식으로 표시해두면 될 것이다.

**스텝 5**

## 창의적 체험 활동에서 봉사 활동을 체크한다.

창의적 체험 활동에서 봉사는 의무는 아니고 선택이다. 사회복지학과, 간호학과, 의대 지원자들은 의무라고 봐도 될 것이다. 다른 과 지원자들은 자신의 학생부에서 인성 부분이 조금 부족하다고 생각하거나 봉사 활동을 통해서 인성뿐 아니라 학업 능력 등 여러 요소들을 부각시킬 수 있다는 판단 아래 선택할 수 있다. 봉사 활동 중에서도 우선순위에 따라 '2-3-1' 이런 식으로 표시해둔다. 봉사 활동 중에서 특별히 이야기가 되거나 500자로 쓰기에는 분량이 넘칠 것 같은 아이템에는 3-1 이런 식으로 표시할 수 있다. 이때는 3번 항목 배려, 나눔, 협력, 갈등관리에 적을 만한 아이템이 되는 것이다.

**스텝 6**

### 창의적 체험 활동에서 자율 활동 중
### 학급 회의 축제 등과 관계된 것을 체크한다.

창의적 체험 활동 중에서 자율 활동 중에서 학교 행사와 관련된 것은 양만 많지, 실제로 자기소개서에 쓸 만한 거리는 못 되는 경우가 많다. 그중에서 자신이 학급 회장이나 학생회 간부 등을 맡았다면 리더십, 학교생활, 성실성 등을 보여줄 수 있기에 선택하는 것이 좋다. 학생부에는 리더로서 어떤 일들을 했는지, 축제 운동회 등의 행사에서는 어떤 일이 있었는지 등이 기술되어 있다. 그중에서 전자는 자기소개서 2번 항목, 후자는 자기소개서 3번 항목에 쓰기 좋은 아이템이다. 각각 2 - 4 - 1, 3 - 2 이런 식으로 표시해보자.

**스텝 7**

**창의적 체험 활동 중 자율 활동과**

**동아리 활동 중 음미체 관련 활동과**

**세부 능력 및 특기사항의 음미체 교과에 주목한다.**

음악, 미술, 체육 활동은 자율 활동과 동아리 활동, 세부 능력 등에 폭넓게 퍼져 있다. 그러나 우선순위에서는 밀리기 쉽다. 공부와 학교 활동이 중요한 것은 분명한 사실이다. 하지만 음미체 활동을 자기소개서 3번 협력 갈등 관리의 사례로 쓰거나 2번 의미 있는 활동 3가지로 쓸 때 얻는 효과 또한 무시 못한다. 자기소개서를 통해서 학생부에서 드러난 자신의 이미지를 완전히 뒤집고 싶은 경우가 있다. 공부만 해서 친구가 없을 것 같다, 몸이 좀 약할 것 같다, 정서가 메마를 것 같다는 식의 인상을 줄 경우다. 그때는 과감하게 나는 그렇지 않다 선언할 필요가 있다. 그때 과감하게 쓰는 것이다. 2 - 5 - 1 혹은 3 - 3 이런 식으로 표시해둔다.

## 창의적 체험 활동에서 다른 학생들과 다른
## 개인적 진로 활동을 체크한다.

진로 활동에서 홀랜드 적성 검사 결과 등은 자기소개서에 쓰기에는 약하다. 개인적인 진로 활동이 그보다는 훨씬 좋은 아이템이다. 주로 4번 지원 동기와 준비 과정에 쓸 수 있고 일부는 2번 의미 있는 활동 3가지 중에 하나로 쓸 수도 있다. 그에 따라 4-1. 2-6-1 이런 식으로 표시해두자.

## 독서 활동에서
## 전공과 관련된 도서를 체크한다.

서울대 자기소개서에는 독서 활동이 별도로 있지만 나머지 대학에서는 독서 항목이 없다. 그렇다고 자기소개서를 쓸 때 독서 활동이 의미 없는 것은 아니다. 지원 동기와 준비 과정에서 유효하게 써먹을 수 있다. 자신이 읽은 책 중에서 전공과 관련되어 흥미, 관심, 소양, 자질 등을 보여줄 수 있는 책들을 골라 표시해두자. 4-1은 전공 관련 활동이 될 테니, 4-2-1 이런 식으로 표시하면 된다.

**스텝 10**

## 진로 희망 사유의 3년간 변화 과정과
## 창체의 진로 활동을 비교한다.

진로 희망 사유 역시 자기소개서를 쓸 때 참조해야 한다. 특히 진로 희망 사유가 지원동기의 밑거름이 될 수 있다. 진로 희망과 그해의 창체 진로 활동에서 인과관계로 엮일 만한 것이 있는지 찾아보는 게 좋다. 있다면 자기소개서에 활용할 만한 아이템이니 표시해두는 게 좋겠다. 만약 진로 희망 사유와 진로 활동이 연결된다면 4-3-1(진로 희망 사유), 4-3-1-1(진로 활동) 이런 식으로 연결된다는 표시를 분명히 해두자.

이런 다음에 B4 용지 같은 큰 종이를 꺼내놓고 종이를 1번부터 4번까지 사분할한 다음에 지금까지 고른 아이템을 모두 표시해보자. 그중에서 우선순위(개인마다 조금씩 다를 수 있지만 전공 적합성과 학업 능력, 인성, 발전 가능성 순으로)에 따라 아이템을 최종 선정하는 시간을 가진다. 물론 이 작업은 담임선생님이나 부모님 등과 상의하는 게 좋다. 아이템 선정이 끝났으면 이제 집필에 들어가면 된다.

# 학생부와 자소서의
# 유기적 연결 사례

이번에는 문과와 이과 학생 한 명씩 학생부와 자기소개서를 갖고 아이템이 어떤 과정으로 선정되었는지 확인하자. 두 명의 학생을 골랐다. 한 학생은 서울에서 일반고를 다니고 서울대 치대에 합격했고 다른 한 학생은 지방에서 일반고를 다니고 고려대 경영대에 합격했다. 전체를 인용하지는 않고 부분적으로만 보여드린다. 서울대 치대 합격생을 A, 고대 경영대 합격생을 B라고 지칭한다.

## 1. 학업에 기울인 노력과 학습 경험

치대 학생이면 수학이나 과학 과목이, 경영대 학생이면 수학이나 외국어 과목이 전공 적합성을 보여주는 데 적합할 것 같다. A 학생은 학생부에서 이런 부분이 눈에 확 들어온다.

| 교과 | 과목 | 1학기 | | | 2학기 | | | 비고 |
| --- | --- | --- | --- | --- | --- | --- | --- | --- |
| | | 단위 수 | 원점수/과목평균(표준편차) | 석차등급(수강자 수) | 단위 수 | 원점수/과목평균(표준편차) | 석차등급(수강자 수) | |
| 국어 | 문학 I | 3 | 95/65.9(15.1) | 1(219) | 3 | 88/57.7(14.7) | 1(219) | |
| 수학 | 수학 I | 6 | 100/60.2(20.3) | 1(219) | | | | |
| 수학 | 수학 II | | | | 6 | 91/56.2(20.8) | 2(219) | |
| 영어 | 영어 I | 5 | 100/53.8(25.6) | 1(516) | | | | |
| 영어 | 영어 II | | | | 5 | 98/47.2(26.4) | 1(511) | |
| 과학 | 지구과학 I | 5 | 97/65.7(18.6) | 1(120) | | | | |
| 과학 | 화학 I | | | | 5 | 99/55(24.2) | 1(120) | |
| 과학 | 생명과학 II | 3 | 100/58.6(21.3) | 1(120) | 3 | 95/60.3(21.3) | 2(120) | |
| 기술·가정/제2외국어/한문/교양 | 일본어 I | | | | 3 | 99/59.1(22.7) | 1(103) | |
| 기술·가정/제2외국어/한문/교양 | 한문 I | 3 | 99/48.7(23) | 1(219) | | | | |

아주 우수한 학생인데 2학년 2학기 성적이 좋지 않다. 그리고 가장 중요한 수학 과목에서 2등급이 나온 것은 가장 우수한 학생들이 모이는 서울대 치대 지원에서 아킬레스건이 될 수 있다. 이 학생은 수학에 대해서 쓰는 게 유리하다. 3학년 1학기 성적을 끌어올린 사례를 쓰면서 수학 내신으로 드러나지 않는 우수성을 적극적으로 드러내는 게 필요해 보인다. 다행히도 이 학생의 2학년 2학기 학생부에는 학업 능력에 인성까지 보여주는 좋은 내용으로 세부 능력이 꾸며져 있다.

수학Ⅱ : (2학기) 수학아카데미(20시간)을 수강함.

심화 내용을 다루는 수학아카데미 수업 중에서도 뛰어난 실력을 발휘하는 수학성적이 매우 우수한 학생으로, 평소 다른 학생들에 비해 많은 시간을 수학공부에 투자하고, 자율 동아리 활동을 통해 1학년 후배들과 스터디를 운영하며 자신의 능력을 공유하고 있음. 뛰어난 문제해결력과 탁월한 수학적 감각이 돋보이는 학생임.

수학 학습에서 단순히 교사의 설명을 받아들이기보다는 자기주도적으로 지식을 구성하는 자기주도적 학습자임. 교과서에 제시된 증명법을 그대로 받아들이기보다 자신이 구성한 증명법을 교사에게 제시하고 그 차이를 발문함. 또한 교과서나 익힘책에 제시된 문제 속에 오류를 발견하고 반례를 제시하며 교사의 견해를 묻기를 함.

이 학생은 이 학생부를 어떻게 자기소개서에 녹여냈을까?



(생략) 수학만큼은 자신 있다는 마음에 2학년 기말고사가 어려울 것이라는 경고가 있었음에도 안일하게 대비했습니다. 어려운 문제를 오랫동안 붙잡고 있어 시간 관리에 실패하자 당황한 나머지 답안지 마킹까지 실수해 수학에서 2등급을 받았습니다. 난생 처음 받아본 점수에 크게 충격을 받았습니다. 점수 자체보다 저의 자만이 여실히 드러났다는 부끄러움이 더 컸습니다. 그러나 좌절하고 실망하기보다 냉정하게 제 자신의 부족함을 반성하고 흔들리지 않는 실력을 만들겠다고 결심했습니다. 우선 새로운 유형의 문제와 사고력을 요구하는 문제를 집중적으로 풀면서 출제의도를 파악하는 데 중점을 두었습니다. 또 저만의 수학 풀이노트를 만들어 다양한 방법을 시도하며 가장 기본적인 문제부터 수리논술 문제에 이르기까지 풀이과정을 꼼꼼하게 쓰고 발상능력을 기르고자 노력했습니다. 더불어 긴장감을 늦추지 않고자 교내 수학 경시대회와 교내 수리과학 논술 대회에 적극적으로 참여해 실력을 점검했습니다. (생략)

이 학생은 솔직하게 자신의 실수를 반성하고 더 나아지는 모습을 구체적으로 담아냈다. 이 학생의 노력은 앞서 살펴본 세부 능력 및 특기사항의 선생님 코멘트에서 충분히 예상하고 기대했던 내용이다. 진정성이 느껴지는 대목이다.

이제 문과 학생의 학생부를 살펴볼까? 이 학생의 학생부는 교내 상부터 다른 지원자를 압도하는데, 특히 논문 관련 대회가 눈길을 끈다.

| 2학년 탐구 과제 보고서 | 금상 (1위) | 2015.02.25 | 태성고등학교장 | 2학년 (340명) |
| 진로명함 만들기 대회 | 은상 (2위) | 2015.04.21 | 태성고등학교장 | 3학년 (340명) |
| 진로이력서 쓰기 대회 | 장려상 (4위) | 2015.04.21 | 태성고등학교장 | 3학년 (340명) |

| 2014학년도 2학년 논문읽기대회 | 동상 (3위) | 2014.08.22 | 태성고등학교장 | 2학년 (340명) |
| 2014학년도 영어재능발표대회 (말하기 부문, 공동수상, 3인) | 동상 (3위) | 2014.09.03 | 태성고등학교장 | 전교생 (1022명) |
| 2학기 수학경시대회 | 우수상 (2위) | 2014.11.07 | 태성고등학교장 | 2학년 중국어특성화· 인문사회과정 (197명) |

중요한 것이 딱 한 번만 등장하는 법은 없다. 교내 상뿐 아니라 학생부 자율 활동에서도 읽기 대회와 쓰기 대회를 자세히 설명하고 있다.

탐구과제보고서 대회(2014.09.03~2015.02.03)를 통해 소논문 쓰기에 앞서 선행연구들을 접해봄으로써 깊이 있는 지식확장을 통해 자신에게 적합한 진학 및 진로의 방향을 결정할 수 있었으며, 관심 있는 연구주제를 선정하여 연구하는 과정을 통해 지식탐구에 대한 즐거움을 느낄 수 있었음.

논문 읽기 대회(2014.06.03~2014.07.15)를 통해 깊이 있는 전공지식을 접해봄으로써 지식 탐구에 대한 즐거움을 이해하게 되었으며, 논문을 읽고 분석함으로써 내용 이해력, 비판적 사고력, 논리력 등이 향상됨. 이 활동을 통해 자신의 진로준비 및 학업계획 등을 심층적으로 계획할 수 있는 기회가 됨.

이렇게 되면 평가자는 이 학생이 의미 부여를 어떻게 할지 관심이 생기지 않을 수 없다. 이제 자기소개서를 보러 가자.

인터뷰를 위해 농장을 방문하여, 기업과의 파트너십 이후 실적 향상, 이마트의 매출 증가 현황 등을 파악하면서 기업과의 협업을 통한 국내 농업의 경쟁력 강화가 가능하다는 결과를 도출하였습니다. 탐구 프로젝트 대회를 통해, '이마트 국산의 힘 프로젝트'와 같은 기업의 CSV(공유가치창출) 전략이 지역 사회에 미치는 긍정적인 파급력과 특정 산업은 물론, 국가적인 부가가치를 창출해낼 수 있다는 가능성을 확인할 수 있었습니다.

2년간 교과 학업과 탐구를 병행하면서 시간에 쫓기기도 했습니다. 하지만 관심 분야에 대한 탐구 활동들이었기에 더욱 애착을 갖고 임하였고, 준비 과정에서 인터뷰 등 많은 사람들을 만나면서, 탐구 관련 지식과 관점을 배울 수 있었습니다. 무엇보다도 농장 대표님과의 인터뷰에서 "누군가에겐 매일이 역경이고, 누군가에겐 매일이 성공이다. 그 차이는 본인이 만드는 것이다"와 같은 '삶의 철학' 또한 배우며, 제 자신을 되돌아볼 수 있었습니다.

인터뷰를 포함해 모든 활동을 애정을 갖고 부지런히 한 학생이다. 자신을 돌아볼 수 있는 기회가 되었다는 말이 공언이 아니라 진심이라는 게 느껴진다. 그러면 두 학생이 의미 있는 활동 세 가지에서 학생부와 자기소개서를 어떻게 연결했는지 살펴보자.


## 2. 의미 있는 활동 세 가지

의미 있는 활동에서도 가장 의미 있는 활동은 자신의 꿈과 관련된 것이다. A 학생은 의사가 꿈이다. 그렇다면 봉사와 관련된 진로 활동에 우선순위가 주어져야 한다. 이 학생은 진로 포트폴리오 대회에서 대상을 받았고 창의적 체험 활동의 진로 활동에도 그런 내용이 기술되어 있다.

2학기 진로수업에서 PPT로 나의 진로 발표를 함. 진로희망인 의사가 되기 위해 '생명지킴이' 자율 동아리 활동도 하고 있으며 복지원에서 봉사 활동을 꾸준히 하면서 사람을 대하는 것과 생명의 존엄성에 대해 다시 한 번 깨닫게 되었다고 함. 또한 의과학 캠프에도 참가하여 같은 꿈을 가진 친구들과도 소통을 하고 있으며 앞으로 의사가 되기 위해 학업에 더욱더 충실하며 체력도 기르고 봉사 활동과 동아리 활동도 꾸준히 할 예정이라고 발표함.

무엇을 했는지는 학생부에도 나와 있다. 하지만 지원자가 무엇을 배우고 느꼈는지는 학생부에 나와 있지 않다. 그래서 그걸 듣고 싶지 않았을까?

**사례 2-A**

진로 포트폴리오 대회도 기억에 남습니다. 2학년 여름방학에 참여한 진로활동 내용을 자기주도활동보고서로 작성하고 PPT로 제작해 발표하면서, 의사가 되고 싶다는 꿈을 구체적으로 계획해볼 수 있었습니다. 오래전부터 의대 진학을 희망했기 때문에 의과학캠프와 메디컬캠프 체험은 진로에 대한 욕구를 많이 충족해주었습니다. 캠프체험을 바탕으로 장차 어떤 과정을 통해 의사가 되고 싶은지 솔직하게 보고서를 작성해나갔습니다. 그러나 평소 말수가 적은 저였기에 발표가 걱정됐습니다. 많은 사람들 앞에서 제 생각을 정확하게 전달하기 위해서는 수줍음도 이겨낼 필요가 있다고 생각해 가족들 앞에서 목소리 크기나 자세를 조절하며 연습했습니다. 이런 노력 덕분인지 친구들은 많은 관심을 보였고 발표를 성공적으로 끝내 대상을 수상했습니다. 선생님께서도 알찬 발표내용은 물론 자신감 있는 태도에 대해 칭찬을 아끼지 않으셨습니다. 이 경험을 통해 진로에 대한 열정을 확인하고 발표에 대한 자신감도 찾을 수 있었습니다.

어떤가? 인간적인 매력이 더욱 느껴지지 않는가? 자신의 단점도 솔직하게 털어놓고 그것을 극복할 수 있는 기회로써 지원자에게 의미가 있었음이 느껴진다.

경영대에 지원하는 문과 학생이라면 동아리 활동에서 결정적 한 방이 있으면 좋다. 특히 자율 동아리가 전공 적합성과 자기주도성을 동시에 보여줄 수 있는 좋은 아이템이라고 여러 차례 말한 바 있다.

> (에버용인서포터: 자율동아리) 2014년 1학기 주제인 용인시 경전철 에버라인의 활성화를 위해 다양한 일들을 계획하고 실천함. 본교 3학년 학생들을 대상으로 설문조사(2104.04.18)를 실시함. 경전철 주식회사를 방문(2014.07.15)하여 설문조사한 결과와 경전철의 활성화 방안에 대해 홍보담당 곽기호 차장님과 질의응답 시간을 가졌으며, 사장님으로부터 경전철이 앞으로 발전해 나아갈 방향에 대하여 안내를 받음. 또한 국가보안시설인 경전철 관련 시설들을 둘러보고 홍보관 견학과 경전철의 최첨단 시스템에 대해 설명을 들었음.

자율 동아리에 대한 입학사정관들의 관심은 공식 동아리를 뛰어넘는다고 말한 적이 있다. 왜 이 동아리를 했을까? 학교 바깥에서는 어떤 일을 했을까? 그리고 그 일들은 지원자에게 어떤 성취감을 주었을까? 이런 것이 궁금할 것이다.



3년간 용인 시 차세대 위원으로 활동하면서, 지역 사회에 관심이 많아 '에버 용인 서포터즈 동아리'에 가입하였습니다. 첫 활동으로 '경전철 적자 문제'에 대한 회의를 바탕으로, 용인 시민들을 대상으로 경전철 역 부근에서 설문조사를 하였습니다. '이용 횟수' 등의 설문 내용들을 바탕으로 현재 시민들이 느끼는 경전철의 문제가 무엇인지에 대해 파악하였습니다. 배차 간격, 환승 제도 등에 있어서 많은 불편함이 있다는 것을 깨닫고 설문 내용들을 바탕으로 경전철 회사 홈페이지, '고객의 소리'에 글을 올렸습니다. 이를 계기로 경전철 회사 방문의 기회를 얻었고, 회사 사장님을 만나, 저희가 설문 조사한 내용과 경전철 관련 추진 계획 등에 대한 이야기를 나누었습니다. 당시, 설문 결과를 바탕으로 환승 할인 제도에 대해 많은 시민들이 경전철 이용에 큰 불편함을 겪고 있음을 말씀드렸고, 실제로 당해 9월부터 환승 할인 제도가 시행되었고, 분당선 이용객 수가 2015년 3만여 명으로 늘어날 수 있었습니다. 물론, 저희 동아리가 해당 제도의 시행에 결정적인 기여를 하였다고 할 수는 없겠지만, "환승 할인 제도의 시행에 대해 미약하게나마 기여를 하지 않았을까"라는 생각에 보람을 느낄 수 있었습니다.

이 학생은 지역 사회에 관심이 많다. 그리고 실제로도 동아리를 통해서 지역 사회에 기여하는 활동을 했다. 공선사후 정신을 높이 평가하는 고려대에서는 아주 좋아할 활동이다. 사실 이 학생은 내신이 상대적으로 다른 학생들에 비해 부족한 편이었다. 그래서 이 학생이 합격한 것은 비교과와 자기소개서의 힘이라고 할 수 있다. 다음 배려, 나눔, 협력, 갈등관리에서 두 학생은 어떤 차이를 보일까?

## 3. 배려, 나눔, 협력, 갈등 관리

봉사 활동을 2번 항목 의미 있는 활동 세 가지에 썼기에 3번 항목에서는 다른 소재를 골라야 했다. 의대생이라면 이럴 것이라는 편견 고정관념을 깨고 새로운 모습을 보여줄 필요가 있었다. 공부만 하는 학생이 아니라 운동도 열심히 하고 친구 관계도 좋은 그런 모습을 보여주고 싶었다. 그래서 이 학생은 단체 경기 중에서 2학년 때 배운 농구 이야기를 쓰기로 결심했다. 자기소개서를 보자.

(운동과 건강생활) 수업에 대한 참여도가 높음. 골프 수업에서는 진지한 자세로 설명을 듣고 골프 스윙자세를 잘 보여줌. 농구에서 드리블이 돈

　　　　　　　　　　　　　　　　　　　　　　　　학생부 합격의 법칙

보이며 뛰어난 민첩성을 보여줌.



저는 어릴 때부터 수학과 과학을 워낙 좋아했습니다. 그러나 앞으로 지적 균형을 유지하며 제 자신을 발전시키려면 인문이나 사회도 중요하다고 생각해 일반고를 선택했습니다. 나름 포부를 품고 고등학교에 진학했는데 같은 중학교에서 올라온 친구가 거의 없었습니다. 이미 서로 잘 알고 있는 친구들 틈에 끼기란 생각만큼 쉽지가 않았습니다. 그러나 제가 먼저 노력하지 않으면 안 된다는 생각에 쉬는 시간마다 농구하는 친구들에게 용기를 내어 다가갔습니다. 농구는 팀워크가 중요한 만큼 제가 최선을 다하면 친구들과도 자연스럽게 친해질 수 있을 거라 생각했습니다. 체구는 작지만 빠른 드리블과 돌파력을 가진 제 장점을 살려 가드를 자청했습니다. 화려한 플레이를 하기보다 친구들에게 골을 넣을 수 있는 기회를 만들어주기 위해 패스를 자주하며 적극적으로 뛰었습니다. 지금은 이 친구들과 고민도 함께 나누는 막역한 사이가 되었습니다.

어떤가? 친구들과 농구를 통해 친해진 계기가 생생하고 실감나게 묘사되고 있다. 적극적인 자세 또한 높이 살 만하다.

경영대를 지원하는 학생이라면 리더십과 책임감을 보여줄 필요가 있다. 입학사정관들은 리더십을 행동 특성 및 종합 의견에서 파악하려고 애를 쓸 것이다.

> (규칙준수) 1년간의 기숙사 생활을 통해서 공동체 훈련을 직간접적으로 할 수 있었으며 무엇보다 주어진 규칙을 잘 준수하여 기숙사 사감뿐만 아니라 담당 교사에게 성실하고, 책임감 있는 학생이라 인정을 받았으며 공동체생활을 하는 많은 학생들에게 귀감이 됨. 특히 학년장의 역할도 감당하여 기숙사 내에서 학생들의 의견을 모아 사감 선생님 및 담당선생님께 전달했으며 기숙사 전반의 효율적인 운영 및 관리에 있어서 큰 공헌을 함. 경기도학생교육원에서 실시한 지도성함양교육에 참가하여 리더로서의 자질과 역할에 대해 배우고 왔으며 모범적인 과정의 참여로 인해 모범상 표창 수상자로 선정되기도 함.

기숙사 생활은 학생과 학생, 학생과 선생님 간의 관계, 규칙 준수 등에서 인성을 보여주기에 아주 좋은 소재다. 더군다나 학생부에 보면 기숙사 학년 대표를 맡았다고 적혀 있으니 당연히 기숙사 장으로서

    학생부 합격의 법칙

무엇을 했는지 궁금할 것이다. 그래서 이 학생은 자기소개서 3번 항목을 기숙사 장으로서 리더십과 책임감을 보여주는 데 할애했다.



고등학교 1학년부터 3학년까지 18기 기숙사 사생 대표를 맡았습니다. 120여 명의 1, 2, 3학년 학생들이 함께 생활하는 기숙사라는 공간에서 기숙사 대표는 쾌적한 환경에서 생활하고 학습할 수 있는 분위기를 만드는 역할이라고 생각했습니다. 대표로서 활동하면서 힘들었지만 인상 깊었던 일은 학교 측에 학생들의 애로 사항을 전달하는 것이었습니다. (생략) '기숙사 대표'라는 역할이 지닌 책임감이, 때로는 부담감이 되어 힘들었던 적이 있었습니다. 때로는, 학생들과 마찰이 생겨 심적으로 많이 힘들기도 하였습니다. 하지만, 기숙사라는 공동체 안에서 '대표'라는 역할은 소통의 매개체가 되어주는 것이라 생각했고, 후배들에겐 친형과 같은 존재가, 동급생들에겐 언제나 기댈 수 있는 버팀목과 같은 존재가 되고자 노력하였습니다.

친구들을 위해서 발로 뛰며 노력하는 지원자의 모습이 자연스럽게 떠오른다. 책임감과 소통 능력을 갖춘 인재라는 인상을 주기에 충분하다. 최선의 선택이다.

이제 마지막 자율 항목에서 학생부와 자기소개서가 어떻게 유기적
으로 연계되는지 살펴보도록 하자.


## 4. 대학 자율 문항

(2학기) 알베르 까뮈의 『페스트』를 읽게 된 이유는 학교 및 언론 등에
서 추천하는 문학도서 중 병을 주제로 하는 흔치 않은 고전이었기 때
문이라고 함. 장래희망이 의사이기 때문에 이러한 주제에 대하여 관심
이 많은데, 까뮈의 페스트는 재앙에 맞서는 사람들의 인간애에 관한
부분이 비교적 쉽게 가슴에 와 닿았다고 함.

학생부에 보면 이 학생은 자연과학 책을 많이 읽었음을 알게 된다.
하지만 의사는 자연과학뿐 아니라 인문 과학, 문학도 잘 알아야 한다.
인간적이어야 하니 말이다. 그래서 고른 책이 알베르 카뮈의 『페스트』
다. 하지만 학생부에는 이 책을 읽은 이유만 나와 있고 그 책이 지원
자에게 어떤 의미가 있는지, 구체적으로는 페스트의 3명의 주인공 중
누구에게 가장 공감했는지 나와 있지 않다. 그래서 그 부분을 집중적
으로 보완했다. 그랬더니 이런 자기소개서가 탄생했다.


　　　　　　　　　　　　　　　　　　　　　학생부 합격의 법칙

저는 오래전부터 의사가 되고 싶었기 때문에 병에 맞서는 사람들에 대한 이야기에 관심이 많습니다. 이 소설은 질병과 이에 대처하는 사람들을 소재로 한 흔치 않은 고전이기 때문에 읽게 되었습니다. 인간의 힘으로 극복하기 힘든 질병에 맞서는 사람들의 의지, 사랑, 좌절과 같은 감정에 대한 상세한 묘사는 앞으로 사회에서 맞닥뜨리게 될 저의 한계에 대해 미리 생각해볼 수 있도록 해주었습니다. 또한 소설 속의 그랑, 타루, 리외 같은 인물들처럼 한계에 부딪히더라도 사람들의 희망을 지켜주는 사람이 되자는 각오를 세웠습니다. 특히 타루의 희생정신을 본받고 싶었습니다. 페스트가 퍼져 감염이 될 위험을 알면서도 환자를 구하고자 용기 있게 나서는 모습은 감동적이었습니다. 인간이라면 절대 피할 수 없는 죽음이라는 극단적 공포 속에서도 의지와 인간다움을 잃지 않는 사람들의 모습에 경외심마저 느낄 수 있었습니다. 타루와 같이 위기 속에서도 희망을 잃지 않는 삶의 자세를 기르겠다고 다짐하게 된 책입니다.

의대 지원동기로 활용해도 좋다는 생각이 들지 않는가? 의사가 되면 감염 위험을 알면서도 환자를 구하기 위해 용기 있게 나설 것 같은 그런 이미지로 평가자에게 다가가고 있다.

| 학년 | 특기 또는 흥미 | 진로희망 | |
|---|---|---|---|
| | | 학생 | 학부모 |
| 1 | 모의주식 투자, 경제신문 읽기, 수영 | 경영컨설턴트 | 경영컨설턴트 |
| 2 | 독서하기, 수영하기, 모의주식 투자하기 | 공유가치 컨설턴트 | 공유가치 컨설턴트 |
| 3 | 시사 읽기, 증권 투자 | CSV경영 컨설턴트 | CSV경영 컨설턴트 |

경영대생은 학생부에서 지원동기를 어떻게 끌어내면 좋을까? 당연히 출발은 학생부 진로 희망 사항이 되어야 한다. 이 학생은 초지일관 같은 길을 걷고자 하는 상황이니 더욱더 도움이 될 것 같다. 어떤가? 1학년에서 2학년, 2학년에서 3학년으로 꿈이 발전하고 진화하고 있다는 느낌을 주지 않는가? 결국 이 학생은 학생부에 적혀 있는 CSV(공유가치 창출)을 돕는 컨설턴트라는 직업에 대한 자신의 비전과 꿈을 격정적으로 자기소개서에 토로하는 것으로 시작했다. 이 학생이 쓴 글을 살펴보자.

**사례 4-B**

중학교 3학년, 막연하게 경영 컨설턴트를 꿈꾸던 저는, 경영 컨설턴트



학생부 합격의 법칙

로 활동 중이신 선배의 아버지로부터 미래 사회를 이끌어갈 경영 전략은 기업의 이윤 창출만이 목적이 되어선 안 된다는 말씀을 들었습니다. 기업이 이윤을 창출하는 과정에서, 사회문제를 많이 일으키기도 하지만 그 문제들을 해결할 수 있는 힘을 지닌 주체도 결국은 기업이라는 말씀을 하셨습니다. 그리고 고등학교 1학년 , 교내 동아리 활동을 통해 CSV를 알게 되었습니다. 기업이 사회적 가치를 창출하면서, 동시에 기업의 제품, 운영방식, 경제적 효익을 함께 만들어나간다는 이 개념을 통해, '사회와 기업의 상생'이라는 이상적 가치를 꿈꾸게 되었고, 이는 CSV컨설턴트라는 꿈을 갖는 계기가 되었습니다.

이상적인 학생, 고려대가 좋아하는 공선사후 정신을 견지한, 그러면서 현실 감각을 갖춘 학생이라는 사실을 자기소개서를 통해서 느낄 수 있지 않는가? 두 학생 모두 학생부에서 최선의 것들을 자기소개서로 끌어냈다.

어떤가? 이제 학생부종합전형이 무엇인지, 학생부종합전형의 모든 것이라 불리는 학생부가 무엇인지 어떻게 써야 하는지 감을 확실히 잡았는가? 물론 이 책은 학생부종합전형으로 가는 출발점일 뿐 목표 지점이 아니다. 목표는 바로 이 책을 읽은 여러분들의 꿈과 끼다. 분명한 사실은 이 책을 완독한 여러분은 고등학생이든 중학생이든 초등학생이든 이미 목표를 향해 출발한 거나 다름없다는 이야기다. 시작이 반이다. 그 말은 분명 진리이다. 진리에 관한 토마스 아퀴나스의 명언과 함께 이제 여러분과 작별한다. 끝까지 읽어주셔서 감사드린다.

"진리가 당신을 사로잡을 때, 진리의 날개가 살며시 당신의 영혼을 받치고 서서히 조화스럽게 날아오를 때, 그때가 당신의 진리와 함께 올라가 하늘 높은 곳을 떠다닐 순간이다."

　　　　　　　　　　　　　　　학생부 합격의 법칙

# 이제 진학교육보다 진로교육을 해야 한다

나는 일면식이 없지만 이재정 경기도 교육감을 진심으로 존경한다. 그분은 노무현 정부에서 통일부 장관을 지내셨고 지금은 전국에서 학교와 학생 수가 가장 많은 경기도 초중고 교육을 총괄하신다. 그분은 95퍼센트를 위한 한국 교육을 주장하는데, 이 목표는 수능 중심 정시 입시에서 벗어나 자기주도학습 능력과 진로 성숙도를 측정할 수 있는 학생부종합전형에서만 가능하다. 그분이 추진하는 정책을 한번 살펴보자. 야간자율학습 폐지, 예비 대학을 통한 학과 체험과 직업 교육, 다양한 분야의 대학 강의, 학생들이 선택해 참여할 수 있는 대학별 특색 프로그램, 지자체와 지역 내 공공도서관 등 공공 학습 인프라와 연계하는 정책 등 하나하나가 학생부종합전형의 내실화를 위한 학교와 교실혁명을 지향하고 있음을 확인할 수 있다. 조희연 서울시 교육감

역시 비슷한 교육 철학을 갖고 있다. 조희연 교육감의 말을 들어보자.

"인공지능 기술의 발달로 탈(脫)산업화 시대가 다가오고 있는데 우리 교육은 여전히 입시용 지식을 주입하는 '과거 학력'에 매몰돼 있다. 이제 과거를 넘어 미래 변화에 대한 대응력, 창의력, 자율성을 키워주는 '미래 학력'을 강화해야 한다."

조희연 교육감이 생각하는 과거 학력은 수능 위주의 정시 입시이며, 미래 변화에 대한 자율성과 대응력을 키워주는 미래 학력은 바로 학생부종합전형과 그 준비 과정을 통해 구현될 수 있다. 현 교육부 장관 외에도 진보 진영의 대표적 교육 실세 두 분이 확고부동하게 이런 생각을 하시기에 나는 학생부종합전형의 미래를 낙관적으로 본다. 그렇다. 학생부종합전형은 진보와 보수의 문제가 아닌 것이다. 대한민국의 미래가 교육에 달려 있는데 좌우 구분이 무슨 필요가 있는가?

이 글을 쓰는 8월 말, 2016학년도 수시가 한창이다. 나는 수시의 한 종류인 학생부종합전형을 진심으로 사랑한다. 오랫동안 입시전문가로 일해오면서 내가 지금까지 체험한 그 어떤 입시 제도보다 학생들 스스로를 발전시키고 성장시키기 때문이다. 학생부종합전형이 아니었다면 많은 학생이 본인의 적성과 무관한 EBS 교재와 수능 기출문제 풀이에 청춘을 보내며 고통스럽게 하루하루를 보내고 있었을 것이다. 그러나 학생부종합전형을 준비하면서 읽는 책 한 권 또는 테드(TED) 강연 한 편으로 학생은 지적으로 성장하고 인성이 성숙하고 그러면서 그의 인생이 바뀐다. 자신이 어제보다 더 나은 모습으로 발전했구나 깨닫는 학생들은 당연히 학생부종합전형을 준비하는 과정이 즐겁다. 『논어』 학이(學而) 편에 공부에 대한 명언이 나온다. "아는 자는 좋아하는 자를 이길 수 없고 좋아하는 자는 즐기는 자를 당할 수 없다." 수능은 공자님 말씀을 빌리면 절대 아는 자를 넘어서는 수준으로 학생들을 발전시킬 수 없다. 학생부종합전형은 학생들 스스로 아는 자를 넘어 자신이 하는 것을 좋아하는 자로 만들며 또 자신이 하는 것을 즐기게 한다.

이 책을 읽은 학생과 학부모, 선생님 모두 학생부종합전형에 대해서 알고 좋아하고 또 즐기게 될 것을 기대한다.

# 학생부 합격의 법칙


| | |
|---|---|
| 펴낸날 | 초판 1쇄   2016년 9월 10일 |

| | |
|---|---|
| 지은이 | 신진상 |
| 펴낸이 | 심만수 |
| 펴낸곳 | (주)살림출판사 |
| 출판등록 | 1989년 11월 1일 제9-210호 |

| | |
|---|---|
| 주소 | 경기도 파주시 광인사길 30 |
| 전화 | 031-955-1350          팩스   031-624-1356 |
| 홈페이지 | http://www.sallimbooks.com |
| 이메일 | book@sallimbooks.com |

| | |
|---|---|
| ISBN | 978-89-522-3479-7   13370 |

※ 값은 뒤표지에 있습니다.
※ 잘못 만들어진 책은 구입하신 서점에서 바꾸어 드립니다.

이 도서의 국립중앙도서관 출판시도서목록(CIP)은 서지정보유통지원시스템 홈페이지
(http://seoji.nl.go.kr)와 국가자료공동목록시스템(http://www.nl.go.kr/kolisnet)에서
이용하실 수 있습니다.(CIP제어번호: CIP2016021240)

책임편집·교정교열  송두나·문형숙